Mei Yan

TRAUMHAFTE ANIME-FRISUREN

30 süße Frisuren
beliebter Anime- und Manga-Figuren

Illustriert von
yoai

INHALT

Fortgeschritten

Für Profis

EINLEITUNG

Mit dem Schreiben von *Traumhafte Anime-Frisuren* ist für mich buchstäblich ein Traum in Erfüllung gegangen. Dieses Buch war ein wahres Herzensprojekt, in das ich gemeinsam mit all den wunderbaren Menschen in meinem Team eineinhalb Jahre harte Arbeit und Liebe gesteckt habe. Für mich ist es ein unglaubliches Glück und gleichzeitig eine große Ehre, an einem Buch arbeiten zu dürfen, das Leser:innen Freude macht.

Seit über acht Jahren produziere ich Videos für meinen YouTube-Kanal Mei Yan, früher bekannt als Princess Mei. Das allererste Video ist bis heute online. Seitdem habe ich Videos zu diversen Haarthemen gepostet, von Styling-Tutorials und Haarpflegemethoden bis hin zu Videos, in denen ich Farbkorrekturen und vieles mehr erkläre. Seit mehr als zehn Jahren färbe ich meine Haare in allen Farben des Regenbogens (manchmal auch in mehreren Farben gleichzeitig). Meine verschiedenen Looks waren für mich schon immer die wichtigste Ausdrucksform, daher macht es mir Spaß, Content rund um das Thema Haare zu produzieren.

Zu meinen beliebtesten Frisuren-Tutorials zählen die Hairstyles, die von Anime inspiriert sind. Die Videos dazu entstanden aus der Idee, die unendliche Inspirationsfülle zu nutzen, die ich als Kind beim Schauen meiner liebsten Anime-Serien gesammelt habe. Ich wuchs in den 1990er Jahren als Kind chinesisch-amerikanischer Einwanderer in erster Generation auf. Damals war es unglaublich schwierig, asiatische Medien und Content zu finden, in denen ich mich wiederfinden konnte.

Die Welt der Anime habe ich durch ältere Familienmitglieder kennengelernt, die mir dabei halfen, die Folgen unserer Lieblingsserien in geradezu lächerlich schlechter Qualität online aufzustöbern. Trotz des schwer verfügbaren Contents wurde ich sofort in die aufregenden Fantasy-Welten voller magischer Kräfte und überzeugender Heldinnen hineingezogen.

Ich begann, auf YouTube die legendären Anime-Frisuren der 1990er und frühen 2000er Jahre nachzustellen. Darunter waren auch ein paar meiner persönlichen Lieblings-Looks aus Serien wie Cardcaptor Sakura oder Sailor Moon. Nach dem Start meiner Video-Serie bekam ich ununterbrochen Anfragen aus aller Welt mit der Bitte, mehr über die Lieblings-Charaktere der Fans zu sprechen. Über die Jahre habe ich eine lange Liste zusammengestellt und einige davon in dieses Buch aufgenommen. Manche Looks sind dir schon auf meinem YouTube-Kanal begegnet, aber ich zeige sie dir in diesem Buch noch einmal mit neuen Techniken oder einem anderen Twist, damit sie noch originalgetreuer aussehen oder sich einfacher nachmachen lassen.

Ich hoffe, dieses Buch wird dir nicht nur als Anleitung dienen, sondern dich auch dazu ermutigen, selbst kreativ zu werden. Verändere die einzelnen Schritte in den Tutorials, experimentiere mit eigenen Ideen und kombiniere deinen persönlichen Stil mit deinen liebsten Accessoires.

Das Allerwichtigste ist: Lass dich auf all die Begeisterung und Inspiration ein, die dir auf der Welt begegnet, und hab Spaß dabei!

EMPFOHLENE STYLING-PRODUKTE

Glätteisen

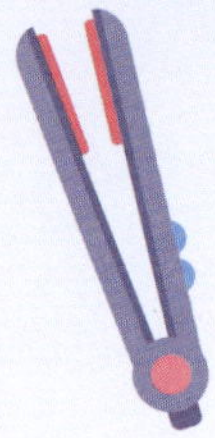

Bei der Auswahl deiner Styling-Geräte solltest du dich unbedingt vorher über die breite Auswahl der Modelle informieren. Bei Styling-Zubehör, das mit Hitze arbeitet, kommt meist eines von drei Materialien zum Einsatz: Turmalin, Keramik oder Titan. Diese Materialien haben unterschiedliche Hitzeschwellen, du solltest also beim Kauf deinen Haartyp beachten.

Lockenstab

Wie beim Glätteisen gibt es zahlreiche Varianten. Du solltest dich für das Modell entscheiden, das für deinen Haartyp am besten geeignet ist. Ich verwende zum Beispiel für meine natürlich glatten und kräftigen Haare einen Lockenstab mit Ionengenerator aus Keramik, der das Kräuseln reduziert.

Hitzeschutz-Produkte

Es versteht sich von selbst, dass du immer einen Hitzeschutz verwenden solltest, wenn du deine Haare mit einem Glätteisen oder Lockenstab stylst, um sie nicht zu beschädigen. Hitzeschutz-Produkte umgeben die Haare mit einer Schutzschicht, um Hitzeschäden vorzubeugen. Manche dieser Produkte machen die Haare auch weich und geben ihnen Spannkraft, ideal für Hochsteckfrisuren mit prächtigen Locken.

Haarbürsten

Ich benutze zwei verschiedene Modelle, je nachdem, welche Art der Frisur ich kreieren möchte. Für die meisten Looks nehme ich eine entwirrende Haarbürste mit weichen, biegsamen Borsten, damit die Haare beim Bürsten nicht so schnell brechen oder kaputt gehen. Für besonders glatte und ordentliche Frisuren nehme ich eine Bürste mit Naturborsten, um abstehende Härchen unter Kontrolle zu bringen.

Clip-In-Extensions

Da manche Anime-Frisuren bunter und voluminöser sind als herkömmliche Frisuren, habe ich einen ganzen Vorrat an Extensions. Ich besitze ein vollständiges Set aus Echthaar sowie mehrere schmale Extensions in verschiedenen Farben – sie sind super geeignet, um bei Bedarf etwas Farbe in den Look zu bringen.

GRUNDTECHNIKEN

Hoher Pferdeschwanz

Der Pferdeschwanz ist zwar eine der gängigsten Techniken, aber diese verbesserte, rutschsichere Variante lässt jeden Pferdeschwanz den ganzen Tag über wippen.

Zubehör: Haargummis, Borsten-Haarbürste, Haarspray

1 Orientiere dich an den Schläfen und nimm ein Viertel der Haare zu einem dünnen, hohen Pferdeschwanz zusammen.

2 Mit Haarspray fixieren und mit der Haarbürste glatt zurückbürsten, um abstehende Härchen zu bändigen.

3 Fixiere den dünnen Pferdeschwanz mit zwei kleinen Haargummis für einen sicheren Halt.

4 Die restlichen Haare mit dem dünnen Pferdeschwanz bündeln.

5 Glatt bürsten, dann mit zwei weiteren Haargummis fixieren, um einen ultrasicheren Halt zu gewährleisten.

Zopf aus drei Strängen

Der Flechtzopf aus drei Strängen zählt zu den wichtigsten Grundtechniken. Wenn du diese Techniken beherrschst, kannst du sie auf vielfältige und überraschende Weise für die komplexesten Frisuren anwenden.

Zubehör: Haargummis

1 Eine Haarpartie in drei gleich dicke Partien aufteilen.

2 Die Haare als folgende drei Partien betrachten: die linke, die mittlere und die rechte. Die rechte Partie nehmen und sie über die mittlere legen.

3 Die linke Partie nehmen und sie über die mittlere legen.

4 Schritte 2 und 3 so oft wie notwendig wiederholen und den fertigen Zopf mit einem Haargummi fixieren.

Kordelzopf

Der Kordelzopf ist eine weniger häufig verwendete Flechttechnik, die aber unglaublich leicht zu erlernen ist. Wenn du dich mit den einfacheren Techniken vertraut machst, verstehst du die Beschaffenheit deiner Haare besser und kannst mit etwas Übung auch komplexere Frisuren gestalten.

Zubehör: Haargummis

1 Die Haare in zwei gleich dicke Partien aufteilen.

2 Die beiden einzelnen Partien in die gleiche Richtung zwirbeln. Je fester sie eingedreht werden, desto fester und stabiler wird der fertige Kordelzopf.

3 Jetzt die beiden gezwirbelten Partien in entgegengesetzte Richtungen drehen. Das Drehen in entgegengesetzte Richtungen fixiert die Haare, genau wie bei der Herstellung von Seilen.

4 Mit einem Haargummi fixieren.

Französischer Zopf

Der französische Zopf ist eine weitere Grundtechnik, die man als Anfänger:in lernen sollte, um später komplexere Frisuren damit zu gestalten. Er sieht aber auch für sich genommen wunderhübsch aus!

Zubehör: Haargummis

1 Mit dem Aufteilen der Haare in drei Partien beginnen. Wie beim einfachen Flechtzopf aus drei Strängen die Partien folgendermaßen betrachten: die linke, die mittlere und die rechte.

2 Zu flechten beginnen, indem die linke Partie unter die mittlere gelegt wird.

3 Die rechte Partie über die mittlere legen.

4 Dann eine kleine Strähne der restlichen Haare zur linken Partie dazunehmen, bevor sie erneut über die mittlere gelegt wird.

5 Eine kleine Haarsträhne zur rechten Partie dazunehmen, dann über die mittlere Partie legen.

6 Weiter flechten, dabei jeweils kleine Haarsträhnen in die seitlichen Partien einflechten, bevor sie über die mittlere Partie gelegt werden.

7 Diese Flechttechnik lässt sich nur am Kopf anliegend ausführen, den französischen Zopf also bis in den Nacken flechten.

8 Die restlichen Haare zu einem Zopf aus drei Strängen flechten und den Zopf mit einem Haargummi fixieren.

Holländischer Zopf

Der holländische, manchmal auch dänische Zopf genannt, ist mein persönlicher Lieblings-Flechtzopf. Anders als beim französischen Zopf flicht man unterhalb des Zopfes, sodass er erhöht, quasi dreidimensional, am Kopf liegt.

Zubehör: Haargummis

1 Zuerst die Haare in drei Partien aufteilen. Wie beim herkömmlichen Flechtzopf aus drei Strängen die drei Partien folgendermaßen betrachten: die linke, die mittlere und die rechte.

2 Zu flechten beginnen, indem die rechte Partie unter der mittleren durchgeführt wird.

3 Die linke Partie unter der mittleren durchführen.

4 Eine kleine Haarsträhne zur rechten Partie dazunehmen.

5 Wieder unter der mittleren Partie durchführen.

6 Eine kleine Haarsträhne zur linken Partie dazunehmen.

7 Unter der mittleren Partie durchführen.

8 Weiter flechten, dabei kleine Haarsträhnen zu den seitlichen Partien dazunehmen und anschließend unter der mittleren Partie durchführen. Diese Technik kann man nur am Kopf anliegend ausführen, den holländischen Zopf also bis in den Nacken flechten.

9 Danach einen herkömmlichen Zopf aus drei Strängen flechten und den Zopf mit einem Haargummi fixieren.

Locken-Techniken

Es gibt viele Möglichkeiten, Haare zu Locken einzudrehen. Die folgende Methode benutze ich am liebsten, um voluminöse Locken zu kreieren, die lange halten. Vor dem Stylen solltest du dich mit den verschiedenen Lockenstäben befassen, die es zu kaufen gibt. Ich nehme lieber einen Lockenstab als ein Lockeneisen, da ich damit persönlich etwas besser zurechtkomme. Je dünner der Stab, desto fester werden die Locken. Im Umkehrschluss werden auch die Locken größer, wenn der Stab etwas dicker ist. Für perfekte, weiche Wellen verwende ich einen Aufsatz von ø 50 mm.

Zubehör: Entwirr-Haarbürste, Hitzeschutz-Spray, Lockenstab oder -eisen, Haarklammern, Hitzeschutz-Handschuh, grobzinkiger Kamm (optional)

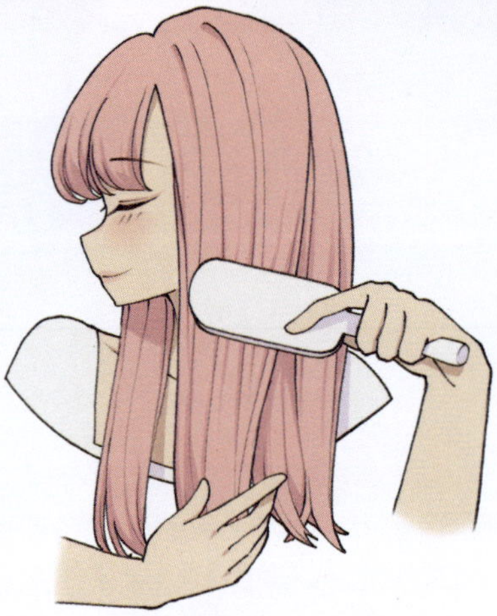

1 Die Haare in zwei Partien teilen und gründlich ausbürsten, um sie vollständig zu glätten.

2 Reichlich Hitzeschutz-Spray in die Haare geben.

3 Nach und nach etwa 2,5 cm breite Strähnen vornehmen. Die Haare vom Gesicht weg um den Schaft des Lockenstabes drehen. Nimm dabei den Hitzeschutz-Handschuh zu Hilfe. Die Haare je nach Haartyp und -struktur durcherhitzen, um die Locke zu fixieren.

4 Die Locke vom Stab lösen, dann sanft wieder aufrollen und an den Kopf legen.

5 Feststecken. Jetzt kann die Locke auskühlen und dabei ihre Form behalten. Das Ergebnis sind langlebige Locken mit besonders viel Spannkraft.

6 Die Schritte 3–5 wiederholen, bis alle Strähnen aufgerollt sind. Die Haare komplett abkühlen lassen, bevor die Spangen in den Locken gelöst werden.

7 Die Locken sanft mit dem grobzinkigen Kamm oder den Fingern auskämmen.

CHARAKTER-ÜBERSICHT

EINFACH

Himiko Toga

Himiko Toga ist Mitglied der Schurkenliga in *My Hero Academia*. Ihre Spezialität erlaubt ihr, die Gestalt anderer Personen anzunehmen, indem sie deren Blut trinkt.

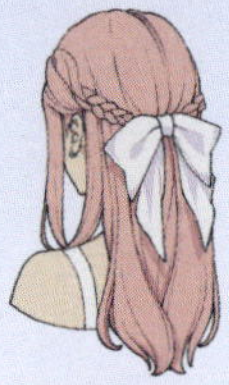

Asuna

Yuuki Asuna ist eine der Hauptfiguren in der Serie *Sword Art Online*. Ihre Kunstfertigkeit mit dem Degen hat ihr den Spitznamen »The Flash« eingebracht.

Amu Hinamori

Hinamori Amu ist die weibliche Hauptfigur in *Shugo Chara*. Sie ist anfangs kalt und stoisch, um ihre Schüchternheit zu überspielen, wird aber später aufgeschlossener.

Lacus Clyne

Lacus Clyne ist eine Sängerin im Anime Gundam Seed Destiny. Sie wirkt zwar naiv, doch ihre Reden offenbaren ihre komplexe Persönlichkeit.

Uraraka

Uraraka ist eine Pro-Hero-Schülerin der Klasse 1-A an der Helden-Oberschule U.A. High School in *My Hero Academia*. Ihre Spezialität ist Schwerelosigkeit.

Mei Mei

Mei Mei ist eine Jujutsu-Magierin der Klasse 1 in der Serie *Jujutsu Kaisen*. Sie ist die einzige Magierin, die gegen Bezahlung arbeitet, und war früher Senpai von Satoru Gojo und Suguru Geto.

Utau Hoshina

Hoshina Utau ist eine Oberschülerin, die in der Serie *Shugo Chara* ein berühmtes Gesangs-Idol wird. Sie ist unabhängige Künstlerin und Leadsängerin der Indie-Band „Black Diamond".

Shampoo

Shampoo ist eine chinesische Amazone und eine der Verlobten von Ranma Saotome im Anime Ranma ½.

Sophie

Sophie ist die weibliche Hauptfigur in *Das wandelnde Schloss*. In dem Film von Studio Ghibli bricht sie zu einem Abenteuer auf, um den Fluch aufzuheben, mit dem sie belegt wurde.

Schwester Joy

Schwester Joy ist der Name der Krankenschwestern in den Pokémon-Centern in Pokémon. Sie pflegt verletzte Pokémon wieder gesund.

Elizabeth Midford

Elizabeth Midford ist die Verlobte von Ciel Phantomhive in der Serie *Black Butler*. Sie ist elegant und grazil, schreckt aber nicht davor zurück, ihr Schwert zu schwingen, wenn es nötig ist.

Marie Antoinette

Marie Antoinette ist wie ihr historisches Vorbild Königin von Frankreich im Anime *Lady Oscar – Die Rose von Versailles* aus den 1970ern. Sie ist bekannt für ihre Schönheit.

Misa Amane

Misa Amane ist Model und Schauspielerin in der Manga- und Anime-Serie *Death Note*. Sie wünscht sich eine romantische Beziehung zu Kira, dem berüchtigten Mörder in Japan, und unterstützt ihn.

Lucia

Lucia ist Pokémon-Koordinatorin in Zweiblattdorf und ehemalige Reisegefährtin von Ash und Rocko in der Serie *Pokémon*. Ihr erstes Pokémon war Plinfa.

FORTGESCHRITTEN

Miwako Sakurada

Miwako Sakurada ist eine ehemalige Schülerin der Yazawa School in der Manga- und Anime-Serie *Paradise Kiss*. Sie ist bekannt für ihren einzigartigen Kleidungsstil, der halb aus japanischer Streetwear und halb aus Punkrock besteht.

Chibiusa

Chibi Usa ist eine der Hauptfiguren in der Manga- und Anime-Serie *Sailor Moon*. Ihr Name bedeutet übersetzt »Kleiner Hase«. Sie ist die zukünftige Tochter von *Sailor Moon*.

Mitsuki Kouyama

Mitsuki Kouyama ist die Hauptfigur in *Fullmoon wo Sagashite*. Trotz eines Hals-Tumors, durch den ihr nur noch ein Jahr zu leben bleibt, hat sie den großen Traum, Pop-Sängerin zu werden.

Yor Forger

Yor Forger ist eine der Protagonistinnen in *Spy x Family*. Sie führt ein geheimes Doppelleben als Attentäterin mit dem Codenamen „Thorn Princess".

Tsuyu Asui

Tsuyu Asui ist eine Pro-Hero-Schülerin an der U.A. High School in *My Hero Academia*. Sie hat eine froschähnliche Gestalt und entsprechende Fähigkeiten.

Blue Rose

Blue Rose ist eine Superheldin, die in der Anime-Serie *Tiger & Bunny* ihre Fähigkeiten dafür einsetzt, eine Gesangskarriere zu beginnen.

Anya Forger

Anya ist die Adoptivtochter von Yor Forger und ihrem Mann Loid in *Spy x Family*. Sie besitzt telepathische Fähigkeiten.

Ran-Mao

Ran-Mao ist Attentäterin in *Black Butler*. Sie trägt zwei Hämmer bei sich und ist trotz ihrer abwesenden Art eine erfahrene Kämpferin.

Biscuit Krueger

Biscuit Krueger ist professionelle Schatz- und Double-Star-Stone-Jägerin in der Manga- und Anime-Serie *Hunter x Hunter*.

Usagi

Usagi Tsukino ist die legendäre Protagonistin und Titelfigur der Serie *Sailor Moon*. Sie ist die Sailor-Kriegerin für Liebe und Gerechtigkeit und die Reinkarnation der Mondprinzessin.

FÜR PROFIS

Mitsuri Kanroji

Mitsuri Kanroji aus der Serie *Demon Slayer* ist Mitglied des Demon Slayer Corps. Sie verfügt über enorme Flexibilität und übermenschliche Kraft.

Konan

Konan ist eine Ninja der S-Klasse und Mitglied der Ninja-Terroristengruppe Akatsuki in *Naruto*. Sie kann ihre Origami-Künste mit ihrem Chakra kombinieren.

Emilia

Emilia ist eine gutmütige Halb-Elfin und Anwärterin auf den Thron des Königreichs Lugnica in der Manga- und Anime-Serie *Re:Zero*.

CereCere

CereCere ist die Blumen-Magierin des Dark-Moon-Zirkus in *Sailor Moon*. Sie neigt dazu, hinter denjenigen her zu sein, die ihre Schönheit preisen.

EINFACH

Himiko Toga

My Hero Academia

My Hero Academia ist zweifellos eine der beliebtesten Anime-Serien unserer Generation mit ihren aufregenden Designs und zahlreichen Frisuren, aus denen man Inspiration schöpfen kann. Einige davon findest du in diesem Buch. Himiko Toga trägt zwei ultra-messy Dutts mit super viel Volumen – perfekt für ihre schurkische Persönlichkeit. Hier kommt ein schneller und einfacher Weg, wie du eine ähnliche Frisur hinbekommst, die ein wenig unauffälliger und somit auch alltagstauglich ist.

Zubehör

Stielkamm • Haarspray • Borsten-Haarbürste • Haargummis • Duttkissen • Haarklammern

1 Beginne die Frisur mit gelockten Haaren für mehr Textur und Fülle.

2 Mit dem Stielkamm einen Mittelscheitel ziehen.

6 Die Haare mit Duttkissen zu schnellen, einfachen Dutts aufrollen. Dabei die Haare so locker wie möglich rollen.

7 Die Dutts mit Haarklammern fixieren.

3 Beidseitig je eine schmale Strähne abteilen, um das Gesicht einzurahmen.

4 Die Haare auf beiden Seiten zu hohen, offenen Zöpfen zusammenfassen.

5 Den Haaransatz mit Haarspray und der Bürste glätten, dann die Haare mit zwei Haargummis fixieren.

8 Die Dutts mit den Fingern auflockern, um einen fülligeren, zerzausteren Look zu erhalten.

9 Mit wenig Haarspray fixieren.

Uraraka

My Hero Academia

Uraraka aus *My Hero Academia* trägt einen kurzen Bob mit viel Volumen, der ihre quirlige Persönlichkeit widerspiegelt. Mit ein paar Tipps und Tricks ist diese Frisur perfekt geeignet für alle, die sich zwar einen Bob wünschen, sich dafür aber nicht gleich die Haare abschneiden wollen! Ich trage diese Frisur besonders gerne an warmen Tagen und man kann mit verschiedenen Haar-Accessoires jede Menge süße Looks daraus zaubern, zum Beispiel mit Blümchen-Haarspangen, zarten Schleifen oder sogar Perlenketten! Kürzere Haare mögen zwar einfacher erscheinen, aber mit verschiedenen Tricks und Accessoires kann man sie ganz einfach aufpeppen!

Zubehör

Stielkamm • Haarklammern • Haarspray

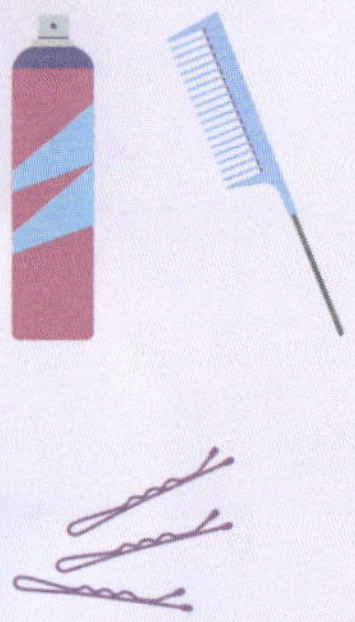

1 Beginne mit sanft gelockten Haaren.

4 Die Partien einzeln von unten zum Nacken hin einrollen.

2 Mit dem Stielkamm beidseitig 2,5 cm breite Strähnen abteilen, die das Gesicht einrahmen.

3 Die restlichen Haare in vier Partien teilen.

5 Mit den Haarklammern die eingerollten Haare zu einem runden Faux-Bob feststecken.

6 Mit Haarspray fixieren.

Sophie

Das wandelnde Schloss

Die stilisierten Filme und die typische Erzählform von Studio Ghibli sind für mich seit meiner Kindheit eine Inspirationsquelle und zugleich einer meiner ersten Berührungspunkte mit Animationsfilmen. *Das wandelnde Schloss* gehört zweifellos für viele zu ihren liebsten Kinderfilmen. Die Hauptfigur Sophie trägt darin einen einfachen, aus drei Strängen geflochtenen Zopf. Ich liebe es jedoch, einfachen Frisuren meine ganz persönliche Note zu verleihen. Erst dadurch erhalten sie Persönlichkeit und einen gewissen Zauber, der sie für mich einzigartig macht. Trau auch du dich, mit verschiedensten Techniken zu spielen, selbst wenn das Endergebnis dann ein wenig vom ursprünglichen Look abweicht!

Zubehör

Haargummis •
zwei Haarschleifen

1 Beginne für mehr Textur und Fülle mit gelockten Haaren.

2 Das obere Drittel der Haare zum lockeren Pferdeschwanz zusammenfassen und mit einem Haargummi fixieren.

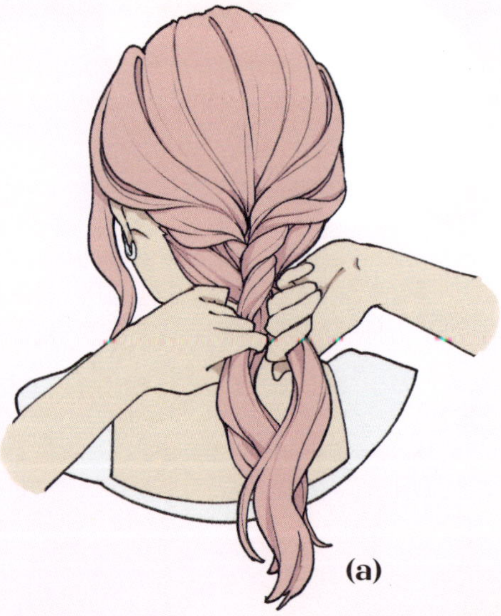

(a)

(b)

6 Für leichtes Volumen ein wenig mit den Fingern auflockern. Dann alle Haare in einem tiefen Pferdeschwanz zusammenfassen und mit einem Haargummi fixieren.

7 Zu einem lockeren Zopf aus drei Strängen flechten (a), diesen mit den Fingern auflockern, dann mit einem Haargummi fixieren (b).

3 Für mehr Volumen oben aus dem Pferdeschwanz sanft ein paar Strähnen lösen.

4 Dann das zweite Drittel der Haare zusammenfassen und locker mit einem Haargummi fixieren.

5 Den Pferdeschwanz zweimal einschlagen.

8 Mit Haarschleifen den Ansatz und das untere Ende des Zopfes verzieren.

Misa Amane

Death Note

Misa Amane aus *Death Note*, eine meiner liebsten Anime-Serien, ist ein weiterer legendärer Anime-Charakter. Misa ist bekannt für ihr hübsches Aussehen und ihren Goth-Look. Sie trägt zwei kleine Zöpfchen, ihre Haare aber in kürzeren Stufen. Wer seine Haare nicht endgültig stufig schneiden will, kann mit einem einfachen Trick einen ganz ähnlichen Look erzielen.

Zubehör

Stielkamm • Haargummis • Glätteisen • Haarspray

1 Beginne mit geglätteten Haaren.

2 Teile mit dem Stielkamm beidseitig 2,5 cm breite Strähnen ab, die das Gesicht einrahmen.

4 Beide offenen Zöpfe locker einschlagen.

3 Dann 5 cm breite Strähnen zu zwei hohen, offenen Zöpfen zusammenfassen und mit Haargummis fixieren.

5 Als letztes Detail die Haarspitzen sanft mit dem Glätteisen eindrehen.

6 Mit Haarspray den Look fixieren.

Asuna

Sword Art Online

Asuna aus *Sword Art Online* trägt am Oberkopf eine der hübschesten und vielseitigsten Flechtfrisuren. Wenn du auf der Suche nach einer Frisur bist, die subtil auf Anime anspielt, dann ist dieser Look perfekt für dich. Er eignet sich ideal für den Alltag und lässt sich mit ein paar Locken und Haar-Accessoires für besondere Anlässe aufpeppen.

Zubehör

Stielkamm • Haargummis • weiße Schleife

1 Beginne mit geglätteten Haaren.

4 Sanft mit den Fingern auflockern, um etwas Volumen zu erzeugen.

5 Die beiden Zöpfe am Hinterkopf zusammenfassen und mit einem Haargummi fixieren.

2 Mit dem Stielkamm beidseitig 2,5 cm breite Strähnen abteilen, die das Gesicht einrahmen.

3 Oberhalb der Ohren beidseitig 5 cm breite Haarsträhnen zu Zöpfen aus drei Strängen flechten.

6 Verziere den Look zum Schluss mit einer weißen Schleife.

Mei Mei

Jujutsu Kaisen

Jujutsu Kaisen gehört zurzeit zu den beliebtesten Anime-Serien, also wusste ich, dass ich einige der Frisuren aus dieser Serie in das Buch aufnehmen muss. Es macht mir besonders viel Spaß, die zugegeben manchmal absurden Anime-Frisuren in elegante, alltagstaugliche Looks zu verwandeln. Als ich Mei Mei zum ersten Mal sah mit ihren beiden Zöpfen, von denen einer über den Rücken läuft und einer mitten über ihr Gesicht, brachte mich das echt zum Lachen. Herausforderung angenommen!

Zubehör

Haargummis

1 Beginne mit gelockten Haaren.

2 Ein Drittel der Haare nach vorne über die linke Gesichtshälfte schlagen.

4 Die restliche Hälfte der Haare im Nacken zusammenfassen und zu einem einfachen, lockeren Zopf aus drei Strängen flechten. Mit einem Haargummi zusammenbinden.

3 Am Oberkopf eine 2,5 cm breite Strähne abteilen und zu einem holländischen Zopf aus drei Strängen flechten. Mit einem Haargummi fixieren.

5 Beide Zöpfe sanft mit den Fingern in beide Richtungen auseinanderziehen, um mehr Volumen zu erzielen.

Schwester Joy

Pokémon

Eine sehr beliebte Anime-Frisur sind Affenschaukeln. Sie werden von vielen Charakteren getragen, darunter auch Kirari Momobami aus *Kakegurui*. Wenn ich aber darüber nachdenke, an welchem Charakter ich diese Frisur zum allerersten Mal gesehen habe, fällt mir sofort Schwester Joy aus Kindheitstagen ein, wenn ich unter der Decke heimlich auf meinem Nintendo DS *Pokémon* gespielt habe. Diese hübsche Frisur trage ich im Alltag mit am liebsten. Ein Bonus ist, dass sie super einfach nachzumachen ist!

Zubehör

Stielkamm • Haargummis • Haarklammern • Glätteisen

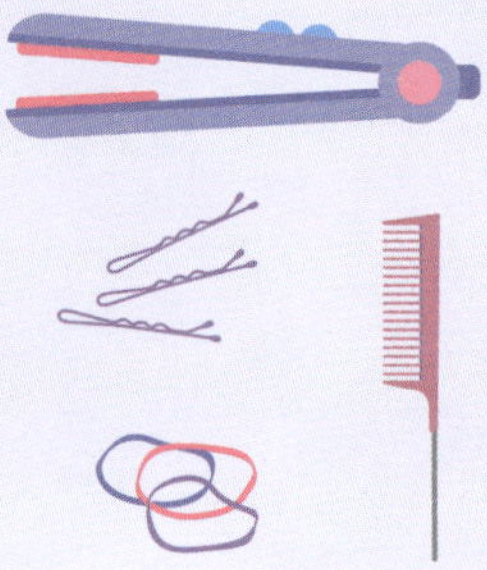

1 Beginne mit gelockten Haaren.

3 Beide Haarpartien zu Zöpfen aus drei Strängen flechten und mit Haargummis fixieren.

4 Die Zöpfe nach hinten legen und mehrfach um den Ansatz schlingen.

2 Mit dem Stielkamm einen geraden Mittelscheitel ziehen (a) und die Haare zu zwei tief sitzenden, offenen Zöpfen zusammenfassen. Mit Haargummis fixieren (b).

5 Mit Haarklammern feststecken.

6 Zum Schluss den Pony mit dem Glätteisen nach innen eindrehen.

Lucia

Pokémon

Ich liebe es, Frisuren zu kreieren, die von zweidimensionalen Charakteren inspiriert sind, denn dadurch kann ich noch kreativer an die Haare herangehen. Wie kann ich nur mithilfe von Fotos die Frisuren so formen und gestalten, dass sie so aussehen wie auf meinem Bildschirm? Lucia aus *Pokémon Perl* und *Pokémon Diamant* ist das perfekte Beispiel für diesen Prozess. Mit ein paar ungewöhnlichen Drehungen und Wendungen wird aus ihrer Frisur ein unglaublich hübscher, einzigartiger Look!

Zubehör

Haargummis • Schmuck-Haarspangen • weiße Schleife • Perlen-Haarspange

1 Beginne mit geglätteten Haaren.

2 Die obere Hälfte der Haare am Oberkopf zusammenfassen und mit einem Haargummi fixieren.

5 Die seitlichen Strähnen über die Ohren führen und mit den Schmuck-Haarspangen feststecken.

6 Das Haargummi am Hinterkopf mit einem Accessoire verdecken. (Ich habe weißes Band und eine Perlen-Haarspange gewählt, die zu den Spangen an den Ohren passt.)

3 Das Haargummi festhalten und sanft die Haare am Oberkopf mit den Fingerspitzen auflockern.

4 Den Pferdeschwanz in drei Partien teilen.

Lucia trägt diese Frisur bei ihren Wettkämpfen, aber sonst ist sie meist mit Mütze zu sehen. Die Wahl der Accessoires ist also dir überlassen! Du kannst eine Mütze wählen, um den Charakter so exakt wie möglich nachzuempfinden, oder etwas Neues ausprobieren, um dem Look deine persönliche Note zu verleihen.

Amu Hinamori

Shugo Chara

Wenn du nach Frisuren suchst, die sich an die Mode der frühen 2000er anlehnen, empfehle ich dir, dich von den Anime aus dieser Zeit inspirieren zu lassen. Hinamori aus *Shugo Chara* trägt ihre Haare mit Außenwelle und einem fülligen seitlichen Pferdeschwanz, der an damals beliebte Frisuren erinnert. Hier zeige ich dir, wie du diesen Look mit einem meiner Lieblingstricks erzielen kannst! Ein einfacher Hack bringt Volumen in jede Alltagsfrisur. Ich selbst trage meine Haare im Alltag meistens so.

Zubehör

Stielkamm • Haarspray • Haargummis • Borsten-Haarbürste • Schmuck-Haarklammer • rote Haarspange (optional)

1 Beginne mit geglätteten, an den Haarspitzen eingedrehten Haaren.

4 Mit der Schmuck-Haarklammer den Pferdeschwanz einmal umschlagen, dann für mehr Volumen am Haaransatz fixieren.

5 Den Pferdeschwanz wieder zurücklegen.

2 Mit dem Stielkamm beidseitig 2,5 cm breite Strähnen abteilen, die das Gesicht einrahmen.

3 Die obere Partie der Haare zusammenfassen und oben links halb hochstecken. Den Pferdeschwanz mit Haarspray einsprühen und glattbürsten, dann mit einem Haargummi fixieren.

6 Optional: Wenn du den Charakter authentischer nachstellen möchtest, kannst du anstelle der Schmuck-Haarklammer auch eine einfache Haarspange verwenden, an der du eine rote Haarspange befestigst.

Utau Hoshina

Shugo Chara

Mit dem Haarklammer-Trick (siehe Amu Hinamoris Frisur auf Seite 53) werden aus schlichten Zöpfen Styles mit viel Volumen, ohne dass du auf Extensions zurückgreifen musst. Die Frisur von Utau Hoshina aus *Shugo Chara* ist ein super Beispiel für die ultimativen, für Anime so typischen hohen Zöpfe.

Zubehör

Stielkamm • Haargummis • Haarspray • Borsten-Haarbürste • zwei kleine Haarklammern • Schleifen

1 Beginne mit geglätteten Haaren.

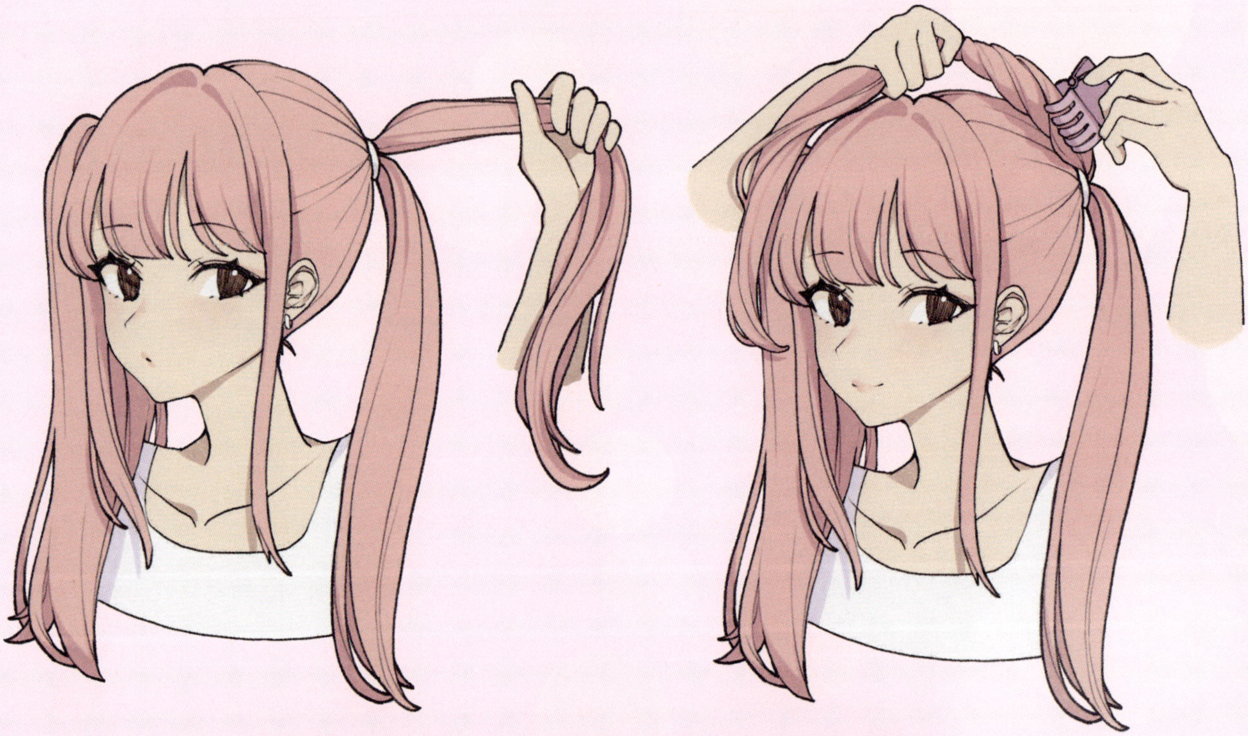

4 Die beiden offenen Zöpfe in je zwei Partien teilen. Nach oben schlagen und mit einer kleinen Haarklammer befestigen, um mehr Volumen zu erzeugen.

2 Mit dem Stielkamm beidseitig 2,5 cm breite Haarsträhnen abteilen, die das Gesicht einrahmen.

3 Die restlichen Haare zu zwei hohen, offenen Zöpfen zusammenfassen und mit Haargummis fixieren. Den Haaransatz mit Haarspray einsprühen und die Zöpfe glatt bürsten.

5 Mit zwei Schleifen verzieren, um die Haargummis zu verdecken.

Elizabeth Midford

Black Butler

Elizabeth Midford, auch bekannt als Lizzy, aus *Black Butler* trägt eine meiner liebsten Anime-Frisuren aller Zeiten. Es gibt mehrere Bezeichnungen für diese großen Locken; die gängigste ist Korkenzieherlocken. Korkenzieherlocken sind in Anime seit Jahrzehnten weit verbreitet, wie man an Mami Tomoe aus *Madoka Magica*, Biscuit Krueger aus *Hunter x Hunter* und vielen anderen sehen kann.

Bei dieser Frisur werden die Haare ziemlich starker Hitze ausgesetzt, du solltest also immer mit einer Hitzeschutz-Pflege beginnen, damit deine Haare gesund bleiben. Diese Pflegeprodukte machen die Haare auch weich und geben ihnen Spannkraft nach dem Stylen!

Zubehör

Hitzeschutz-Spray • Stielkamm • Haargummis • Lockenstab (ø 25 mm Aufsatz) • Haarklammern • Haarband

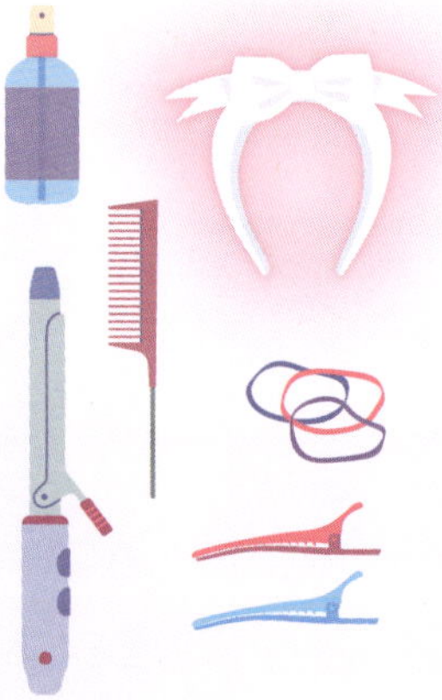

1 Beginne mit geglätteten Haaren, die mit Hitzeschutz-Spray vorbereitet wurden.

2 Mit dem Stielkamm links eine 5 cm breite Partie abteilen.

5 Jede einzelne gelockte Strähne mit einer Haarklammer fixieren (a) und komplett auskühlen lassen, bevor sie für perfekte Korkenzieherlocken gelöst werden (b).

3 Die restlichen Haare zu zwei hohen, offenen Zöpfen zusammenfassen und mit Haargummis fixieren.

4 Mit einem Lockenstab nach und nach jeweils 2,5 cm breite Strähnen zu Locken eindrehen.

6 Mit einem Haarband als Accessoire schmücken.

Lacus Clyne

Gundam Seed Destiny ✦ Hochsteckfrisur

Ich mag da etwas voreingenommen sein, aber Anime-Girls mit pinken Haaren sind einfach die ultimative Frisuren-Inspiration! In *Gundam Seed Destiny* trägt Lacus Clyne ihre langen rosa Haare in verschiedenen Styles, aber diese Frisur ist einer meiner liebsten Looks von ihr. Normalerweise trägt sie ihre Haare glatt und offen; dieser geflochtene Dutt ist ein toller Weg, einem ansonsten schlichten Half Bun ein wenig Textur und Fülle zu verleihen.

Zubehör

Stielkamm • Duttkissen • Haarklammern • Haargummis • gelbe Haarspange (optional)

1 Beginne mit gelockten Haaren.

2 Mit dem Stielkamm beidseitig 2,5 cm breite Haarsträhnen abteilen, die das Gesicht einrahmen.

5 Die restlichen 5 cm Haare (a) zu einem lockeren Zopf aus drei Strängen flechten. Mit einem Haargummi fixieren (b).

3 Die Deckhaare zu einem Pferdeschwanz zusammenfassen. Mit einem Haargummi fixieren.

4 Den Rest des Pferdeschwanzes mit dem Duttkissen zu einem lockeren Dutt hochstecken und mit Haarklammern fixieren.

6 Den Zopf unten um den Dutt schlingen (a) und feststecken (b).

7 Nach Belieben mit einer gelben Haarspange verzieren.

Shampoo

Ranma ½

Manche der Frisuren von chinesischen Anime-Charakteren gehören zu meinen absoluten Favoriten, da sie oft besonders hübsche Dutts und Accessoires beinhalten. Denk nur mal an Ran-Mao aus *Black Butler,* Meiling Li aus *Cardcaptor Sakura* und vor allem Chun-Li aus *Street Fighter.* Shampoo aus *Ranma ½* trägt zwei vollkommen runde Dutts mit zwei kleinen Zöpfchen, die ihr Gesicht einrahmen.

Zubehör

Stielkamm • zwei Duttkissen • Haarklammern • Haargummis • Schmuck-Haarspangen

1 Beginne mit geglätteten Haaren und eingedrehten Spitzen.

2 Mit dem Stielkamm beidseitig 5 cm breite Haarpartien über den Ohren abteilen, die das Gesicht einrahmen.

4 Die 5 cm breiten Partien vorne zusammenfassen und an den Schläfen mit einem Haargummi fixieren.

5 Für ein wenig Volumen jeweils sanft mit den Fingerspitzen auflockern.

3 Zwei halb hochgesteckte, offene Zöpfe rechts und links am Oberkopf binden, dann mit den kleinen Duttkissen zu lockeren Dutts formen (a) und feststecken (b).

6 Die Haargummis an den Dutts und an den Schläfen mit Schmuck-Haarspangen verdecken. Shampoo trägt die Haarbänder in den vorderen Strähnen um ihr Gesicht knapp über den Haarspitzen, aber ich finde meine Version einfacher zu tragen, da die Haare über den Tag länger halten.

Marie Antoinette

Lady Oscar – Die Rose von Versailles

Lady Oscar – Die Rose von Versailles ist wohl eine der ikonischsten Vintage-Anime-Serien; sie war sogar schon auf dem Laufsteg von Luxusmarken wie Moschino zu sehen. Erstmals 1970 ausgestrahlt, ist sie die älteste Serie, die in diesem Buch vertreten ist. Angelehnt an die reale, historische Persönlichkeit, trägt Marie Antoinette ihrer Epoche entsprechend königliche Korkenzieherlocken, natürlich mit einem für Anime typischen Twist. Diese spiralförmig gestylten Locken werden deinem Look im Handumdrehen einen Hauch von Aristokratie verleihen.

Zubehör

Entwirr-Haarbürste • zwei Haargummis • Lockenstab (ø 38 mm Aufsatz) • Haarspange mit großer Schleife

1 Beginne mit geglätteten Haaren.

4 Mit dem Lockenstab die Haare im Pferdeschwanz Strähne für Strähne zu lockeren Spiralen stylen.

5 Den Pferdeschwanz festziehen und die Haare so drapieren, dass sie das Gesicht einrahmen.

2 Das obere Drittel der Haare zu einem hohen Pferdeschwanz zusammenfassen.

3 Mit einer Haarbürste sanft abstehende Härchen glätten und mit einem Haargummi fixieren.

6 Die Haarspange mit der übergroßen Schleife in die Mitte des Haargummis stecken, um die Haare zu fixieren.

FORTGESCHRITTEN

Miwako Sakurada

Paradise Kiss ✦ Voluminöse Doppel-Zöpfe

Wenn es um ikonische Anime-Charaktere mit rosa Haaren geht, denke ich immer sofort an Miwako Sakurada aus *Paradise Kiss*, geschrieben von Ai Yazawa. Yazawas Shoujo-Manga, ein Genre für Mädchen und junge Frauen, ist eine wahre Schatzkiste der Inspiration rund um Frisuren und Fashion-Styles. Vor allem Miwako trägt in der Serie viele verschiedene Frisuren, von denen einige in diesem Buch vorkommen.

Offene Anime-Zöpfe sind immer perfekt: wippend, füllig und überdimensioniert. Hast du dich auch schon gefragt, wie du sie in der realen Welt so hinbekommst? Mit meiner einfachen Technik und ein bisschen Unterstützung durch Extensions kann jede:r diese unverkennbare Anime-Frisur nachstylen.

Zubehör

Stielkamm • Haargummis • Extensions • Haarspray • Borsten-Haarbürste • zwei große Schleifen

1 Beginne mit geglätteten Haaren.

2 Mit dem Stielkamm die Haare 5 cm von der Mitte seitlich scheiteln.

6 Eine doppelte Extension umgedreht unterhalb des offenen Zopfes befestigen.

7 Den offenen Zopf über die Extension legen.

3 Seitlich am Oberkopf beidseitig Strähnen von 5 cm abteilen.

4 Jeweils zu einem dünnen offenen Zopf zusammenfassen und mit einem Haargummi fixieren.

5 Den dünnen offenen Zopf seitlich über den Kopf legen.

8 Eine zweite doppelte Extension oberhalb des offenen Zopfes befestigen, sodass er von den beiden Extensions eingefasst wird.

9 Die restlichen Haare um die Extensions zu zwei offenen Zöpfen zusammenfassen. Mit Haarspray einsprühen und glattbürsten. Je mit zwei Haargummis fixieren.

10 Die Haargummis mit zwei Schleifen kaschieren.

Miwako Sakurada

Paradise Kiss ✦ Lockige Pigtails

Könnte sein, dass ich etwas voreingenommen bin, weil ich den Charakter so sehr liebe, aber in meinen Augen sind Miwakos lockige Zöpfe eine der ikonischsten rosa Anime-Frisuren schlechthin. Dieser Look erfordert etwas Bastelgeschick und Vorbereitungszeit über Nacht, mache dich also auf eine kleine Herausforderung gefasst.

Bei dieser Frisur trägt Miwako verschieden große Ringellocken. Diese erfreuten sich schon in der Antike im alten Rom unter Aristokraten großer Beliebtheit. Solche einzigartigen Locken wurden damals mühevoll erzeugt, indem die Haare fest um heiße Eisenstangen gewickelt wurden. Wir benutzen eine wesentlich haarfreundlichere Methode und verzichten ganz auf Hitze. Für diese wunderschönen (und vielseitigen) Papilloten-Locken brauchst du nur ein paar in Streifen geschnittene Stoffreste.

Zubehör

15-20 Stoffstreifen (5 cm x 20 cm) • Haargummis • Haarspray • weiße Haargummis mit Pompons • Haaröl oder Haarwachs (optional) • Föhn (optional)

1 Beginne mit leicht feuchten Haaren, die höchstens zu 70 Prozent angetrocknet sind.

2 Eine 2,5 cm breite Haarsträhne um einen Stoffstreifen wickeln.

6 Nacheinander sanft alle Papilloten lösen, um die Locken zu befreien. Nur mit den Fingern sanft durchkämmen.

7 Die Haare rechts und links zu zwei hohen, offenen Zöpfen zusammennehmen. Mit Haargummis und Haarspray fixieren.

3 Die Haarspitzen um den Stoff wickeln, um sie zu fixieren, dann Richtung Kopf aufrollen.

4 Die Enden des Stoffstreifens zusammenbinden, sodass ein kleines Knötchen aus Haaren entsteht. Diesen Prozess wiederholen, bis alle Haare eingedreht sind.

5 Bei der hitzefreien Methode die Haare über Nacht vollkommen trocknen lassen; schneller geht es mit dem Föhn.

8 Mit weißen Pompons verzierte Haargummis vervollständigen den Look.

9 Optional: Für glatte, definierte Locken sanft etwas Haaröl oder -wachs ins Haar geben.

Miwako Sakurada

Paradise Kiss ✦ Lockige Doppel-Dutts

Da du jetzt weißt, wie man die perfekten Ringellocken mit der Papilloten-Methode kreiert, wie in dem Tutorial für Miwakos lockere Pigtails (siehe Seite 83) beschrieben, ist es Zeit, diese Technik für eine weitere Frisur zu nutzen, die Miwako oft trägt.

Beim Erlernen weiterer Techniken in diesem Buch wirst du feststellen, dass es dir immer leichter fällt, verschiedene Methoden zu kombinieren und zunehmend komplexe Frisuren zu stylen. Wenn du das Buch durchgearbeitet hast, wirst du mit dem hier erworbenen Wissen in der Lage sein, mit Leichtigkeit jeden Anime-Style nachzufrisieren oder sogar eigene zu kreieren!

Zubehör

15-20 Stoffstreifen (5 cm x 20 cm) • Haargummis • Haarklammern • Haarspray

1 Bereite die Haare so vor wie in dem Tutorial für Miwakos Pigtails (siehe Seite 83). Wenn sie gelockt sind, die Haare in zwei hohe, offene Zöpfe zusammenfassen und mit Haargummis fixieren.

3 Wiederhole den Vorgang, bis alle Locken zu einem luftigen Dutt hochgesteckt sind. Auf der anderen Seite ebenso verfahren.

(a)

(b)

2 Einzelne Strähnen von je 2,5 cm um zwei Finger wickeln (a) und zum Kopf hin aufrollen; die Locken feststecken (b).

4 Zum Fixieren mit Haarspray einsprühen. Miwakos Look ist damit fertig, aber füge nach Belieben Accessoires hinzu!

Yor Forger

Spy x Family ✦ Alltags-Flechtfrisur

Spy x Family ist eine beliebte Serie, die weit über Japan hinaus auf der gesamten Welt Erfolg hat, und sie gehört auch zu meinen Favoriten! Yor Forger trägt eine der interessantesten Frisuren, die mir bisher begegnet sind, und es gibt zahlreiche Möglichkeiten, sie nachzumachen. Dies ist eine meiner Lieblingsmethoden für ihre Frisur, die auch mit kurzen Haaren gelingt. Ich spreche aus Erfahrung – diese Flechtfrisur habe ich eine Zeitlang jeden Tag getragen, obwohl meine Haare damals nur bis zum Kinn reichten!

Zubehör

Stielkamm • Haargummis • Haarklammern • weißes Haarband

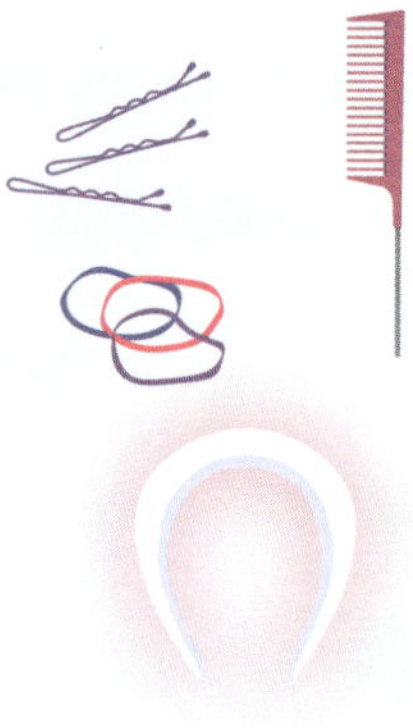

1 Beginne mit geglätteten Haaren und eingedrehten Spitzen.

2 Mit dem Stielkamm beidseitig 2,5 cm breite Haarsträhnen abteilen, die das Gesicht einrahmen.

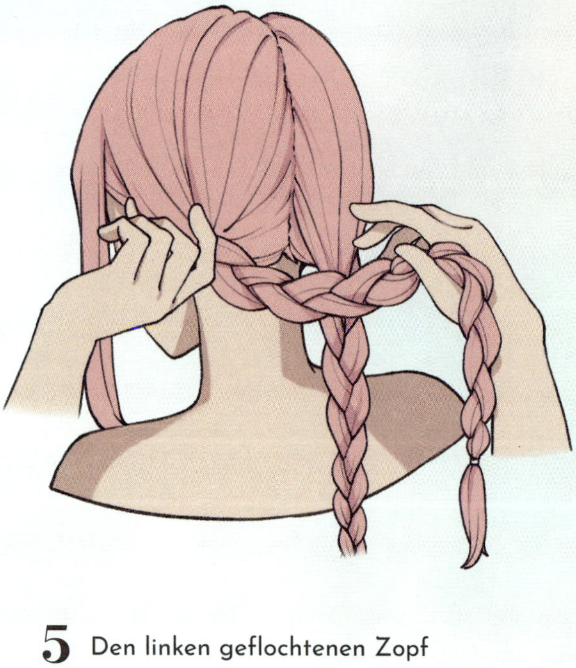

5 Den linken geflochtenen Zopf nach rechts legen. Bei kurzen Haaren einfach feststecken.

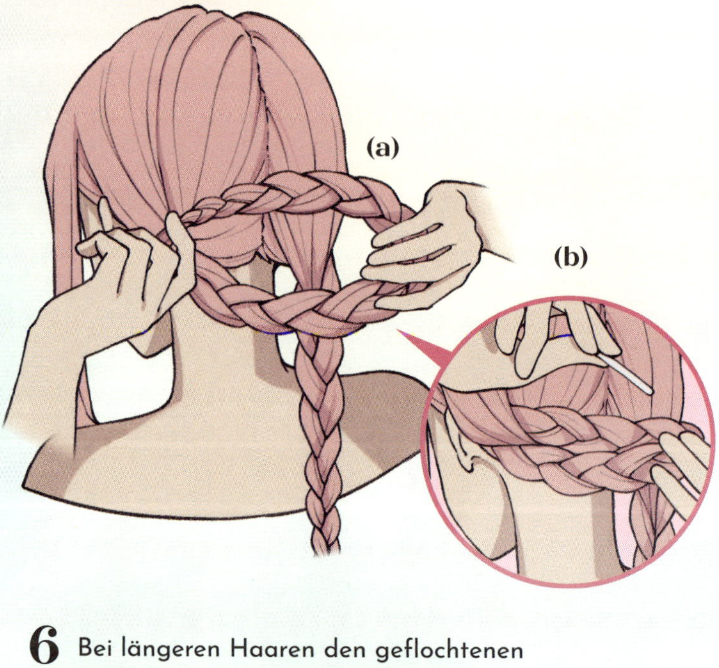

6 Bei längeren Haaren den geflochtenen Zopf einschlagen, um ihn kürzer zu machen (a), dann feststecken (b).

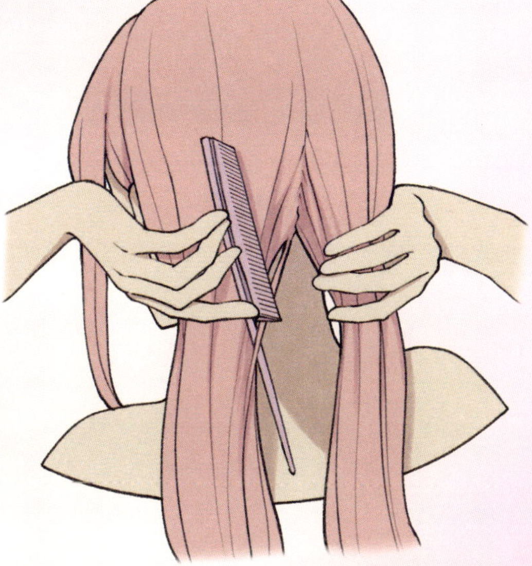

3 Mit dem Stielkamm einen Mittelscheitel ziehen.

4 Beide Seiten zum Zopf aus drei Strängen flechten. Mit Haargummis fixieren.

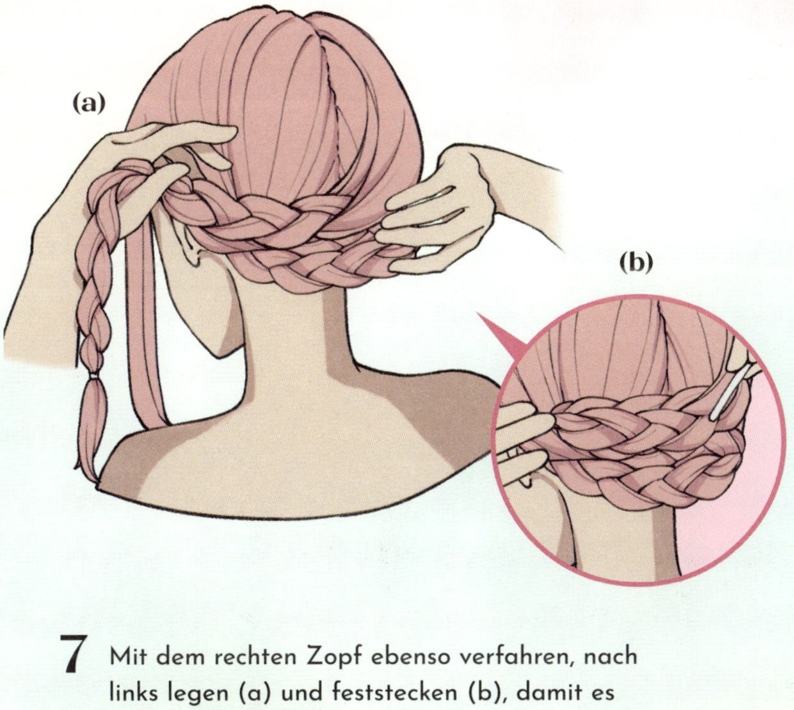

7 Mit dem rechten Zopf ebenso verfahren, nach links legen (a) und feststecken (b), damit es wie ein Flechtkranz aussieht.

8 Zum Schluss mit einem Haarband verzieren.

Anya Forger

Spy x Family

Wenn ich vor dem Problem stehe, nicht das richtige Haar-Accessoire zur Hand zu haben, löse ich es am liebsten, indem ich selbst eines herstelle! Anya Forger ist ein besonders süßer Charakter und das Maskottchen in *Spy x Family*. Sie trägt kleine, wie Hörnchen geformte Haarspangen am Oberkopf. Diese waren die Inspiration für diesen Look. Du kannst aus deinen eigenen Haaren kleine Hörnchen formen, die subtil auf Anyas Look anspielen. Es braucht ein bisschen Übung, bis man die perfekte Hörnchen-Form hinbekommt, aber wenn du es einmal raushast, ist es ganz einfach!

Zubehör

Stielkamm • Haargummis • Haarklammern • Haarspray

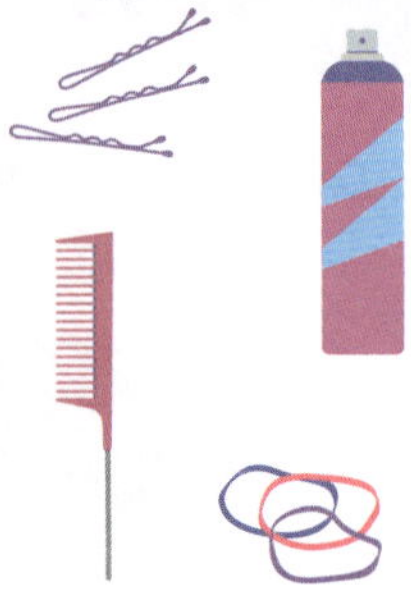

1 Beginne mit geglätteten Haaren und eingedrehten Spitzen.

2 Mit dem Stielkamm beidseitig 2,5 cm breite Strähnen abteilen, die das Gesicht einrahmen.

5 Den Rest des breiteren Zopfes fest um die Basis wickeln. Dann bis zur Spitze des Horns und dort für die Hörnchen-Form fest um die Spitze und lockerer um die Basis wickeln. Mit Haarklammern fixieren.

6 Den schmaleren Zopf um die Basis des Hörnchens wickeln.

3 Die Haare zu zwei hohen, offenen Zöpfen zusammenfassen und mit Haargummis fixieren.

4 Die offenen Zöpfe teilen und zu je zwei Zöpfen flechten: einen etwas breiteren, einen schmaleren (a). Zuerst den breiten Zopf nach oben ziehen, um die Basis zu formen (b).

7 Mit Haarklammern feststecken und mit Haarspray fixieren. Auf der anderen Seite genauso verfahren.

Usagi

Sailor Moon

Man kann unmöglich ein Buch über Anime-Frisuren schreiben, ohne den vermutlich bedeutsamsten weiblichen Charakter, den es gibt, mit aufzunehmen: Usagi aus *Sailor Moon*. Das Sailor-Moon-Franchise ist so erfolgreich, dass es die Herzen der Fans auf der ganzen Welt erobert hat, selbst außerhalb der Anime-Szene. Für diese wunderschönen Dutts mit den offenen Zöpfen kommen mehrere Techniken zum Einsatz, die wir bereits im Laufe des Buches erlernt haben. Dieser Look ist auf der Straße ein echter Hingucker.

Auf meinem YouTube-Kanal habe ich bereits eine Variante dieses Looks gezeigt, aber mit diesem Tutorial kommt man dem Original noch um einiges näher. Die zusätzliche Verwendung diverser Styling-Utensilien hilft dabei, dass die verschiedenen Texturen und die Locken in Usagis Pony und Zöpfen gelingen.

Zubehör

Haargummis • zwei kleine Duttkissen • Haarklammern • Lockenstab (ø 125 mm und ø 8 mm Aufsatz) • Glätteisen • Haarspray • Haarspangen mit Glitzersteinen

1 Beginne mit geglätteten Haaren.

2 Zuerst die Haare zu zwei hohen, offenen Zöpfen zusammenfassen. Mit Haargummis fixieren.

4 Eine dünne Haarsträhne über den Ohren mit dem Lockenstab (ø 125 mm) eindrehen.

5 Den Pony mit dem Glätteisen nach innen eindrehen. Wer keinen Pony hat, kann diesen Schritt einfach weglassen oder einen Ansteck-Pony ausprobieren.

3 Ein Drittel der offenen Zöpfe abteilen und mit zwei Duttkissen kleine Knötchen daraus formen (a). Mit Haarklammern fixieren (b).

6 Die Haarspitzen der offenen Zöpfe locker mit dem Lockenstab (ø 38 mm) aufdrehen.

7 Mit Haarspray fixieren und mit glitzernden Haarspangen verzieren.

Chibiusa

Sailor Moon

An dieser Stelle des Buches bist du vermutlich schon recht vertraut mit dem klassischen runden Dutt. Wenn du auf der Suche nach etwas Einzigartigerem sein solltest: Chibiusa aus *Sailor Moon* trägt interessante, spitze Dutts, die an Hasenohren erinnern. Das gleiche Zubehör, das wir zuvor schon verwendet haben, kann auch für andere Frisurenformen benutzt werden – sogar für diese hier!

Zubehör

Lockenstab (ø 125 mm Aufsatz) • Haargummis • zwei große Duttkissen • Haarklammern • Haarspray • Perlen-Haarspangen

1 Beginne mit leicht gelockten Haaren und gelocktem Pony. Orientiere dich für den Pony an dem Tutorial zu Usagi aus Sailor Moon (siehe Seite 99) und nutze einen Lockenstab.

2 Zwei hohe, offene Zöpfe machen und mit Haargummis fixieren.

4 Anstelle der flachen Donut-Form das Duttkissen der Länge nach in der Mitte zu einem hornförmigen Knoten zusammendrücken.

3 Aus der Hälfte der offenen Zöpfe (a) mit Duttkissen zwei Hochsteck-Knoten machen (b).

5 Die Knoten senkrecht aufstellen und mit Haarklammern feststecken.

6 Mit Haarspray fixieren und die Perlen-Haarspangen als Verzierung befestigen.

Tsuyu Asui

My Hero Academia

Auf den ersten Blick erscheint die Frisur von Tsuyu Asui aus *My Hero Academia* vielleicht einschüchternd und unglaublich komplex. Du kannst aber mit einem einfachen Utensil, dem Haar-Loop, aus deinen eigenen Haaren Schleifen machen! Für eine von Tsuyu inspirierte Frisur kannst du diese Technik nutzen oder deiner Fantasie freien Lauf lassen und einen einzigartigen, mit Schleifen verzierten Look kreieren. Die Schleifen passen perfekt zu allen Haartypen, besonders wenn du nicht so viele Accessoires zur Verfügung hast. Warum nicht einfach selbst welche gestalten?

Damit die Frisur leichter gelingt, binde ich den tiefen Pferdeschwanz lieber seitlich und nicht am Hinterkopf, um die Gestaltung der Schleife besser sehen zu können.

Zubehör

Stielkamm • Haargummis • Haar-Loop • Haarspray

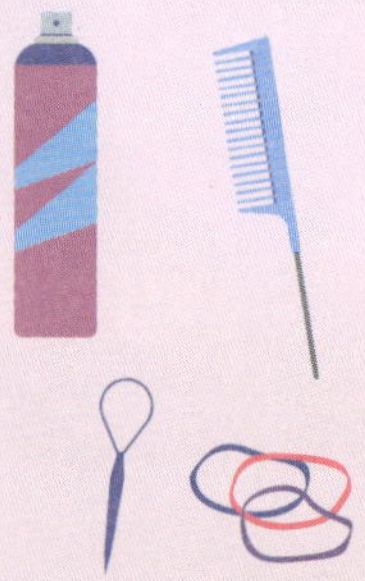

1 Beginne mit geglätteten Haaren.

2 Mit dem Stielkamm beidseitig 5 cm breite Strähnen abteilen, die das Gesicht einrahmen.

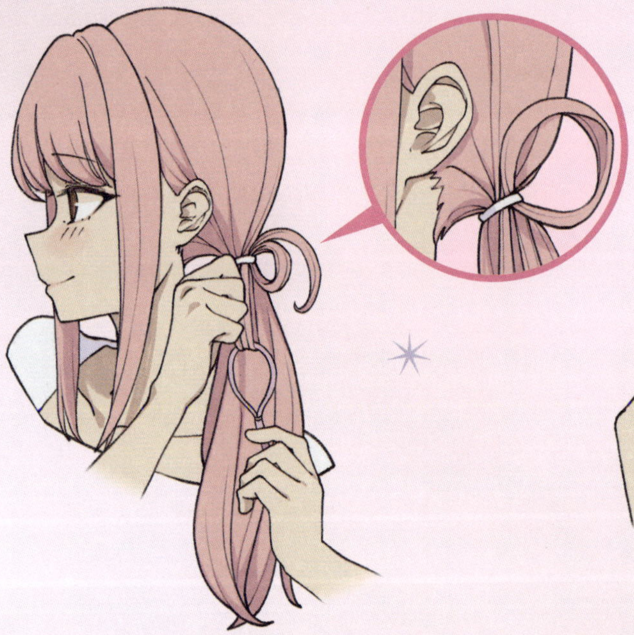

5 Die Haare durchziehen, bis eine 2,5 cm lange Schlaufe entsteht.

6 Beidseitig zwei weitere kurze Partien abteilen und durch die mittlere Schlaufe ziehen, um die Ohren der Schleife zu formen.

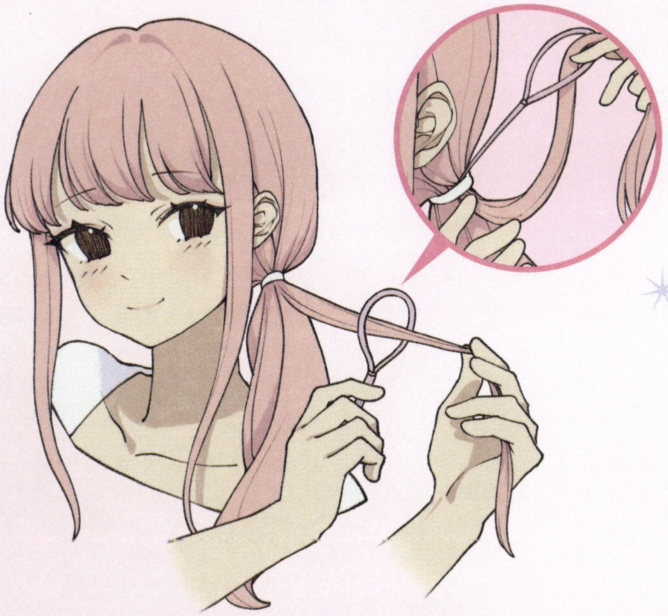

3 Den Rest der Haare zu einem tiefen Pferdeschwanz zusammenfassen und mit einem Haargummi fixieren. Sanft mit den Fingern auflockern.

4 Mit dem Haar-Loop eine große Schlaufe formen. Mit einer kurzen Partie beginnen und diese durch den Haar-Loop schieben.

7 Die mittlere Schlaufe festziehen, um die Schleife zu fixieren, dann mit Haarspray einsprühen, damit sie gut hält.

Ran-Mao

Black Butler

Wie bereits erwähnt, gehören die Frisuren einiger chinesischer Anime-Charaktere zu den Looks, die ich am liebsten nachmache. Diese haben oft sehr dekorative Frisuren, die mit besonders komplizierten Accessoires verziert sind, wie die von Ran-Mao aus *Black Butler*. Ich hatte sofort Lust, ihre Frisur nachzumachen, zum Spaß und als Herausforderung. Auf den ersten Blick sieht sie kompliziert aus, aber in Wirklichkeit ist sie ganz einfach, wenn man sie auf mehrere einfache Techniken herunterbricht. Für diesen Look habe ich ihre Haar-Hörnchen durch lockere Dutts ersetzt, die einfacher zu tragen sind.

Zubehör

Stielkamm • Haargummis • zwei große Duttkissen • Haarklammern • Haarspray • Blumen-Haarspange

1 Mit geglätteten Haaren beginnen.

2 Mit dem Stielkamm beidseitig 5 cm breite Strähnen abteilen. Den Rest zu zwei hohen, offenen Zöpfen zusammenfassen und mit Haargummis fixieren.

5 Beide Partien zu Zöpfen aus drei Strängen flechten. Mit Haargummis fixieren.

6 Auf beiden Seiten jeweils einen der Zöpfe zur kinnlangen Affenschaukel formen.

3 Jeweils zwei Drittel der Haare mit einem Duttkissen zum Knoten formen. Mit Haarklammern feststecken.

4 Die restlichen Haare in zwei gleiche Partien teilen.

7 Die Zopfenden jeweils um den Knoten schlingen und mit Haarklammern feststecken.

8 Mit Haarspray einsprühen und mit der Blumen-Haarspange verzieren.

Mitsuki Kouyama

Fullmoon wo Sagashite

Fullmoon wo Sagashite war einer der ersten Mangas, die mir noch in der Grundschule in die Hände fielen. Dieses Buch ist eine Hommage an all die Serien, die mich in meiner Kindheit inspiriert haben, also war für mich klar, dass ich auch die Frisur von Mitsuki Kouyama mit aufnehmen musste. Die lockigen Zöpfe haben ein geflochtenes Krönchen in der Mitte, was dem ansonsten recht schlichten Look etwas mehr Textur und Komplexität verleiht. Du kannst charaktergetreue Korkenzieherlocken frisieren, wie sie im Tutorial für die Frisur von Elizabeth Midford (siehe Seite 61) beschrieben sind, oder etwas weichere Locken, die im Alltag einfacher zu tragen sind, wie ich es bei diesem Beispiel getan habe. Wie immer möchte ich dich ermutigen, das Tutorial deinem Geschmack entsprechend zu verändern!

Zubehör

Stielkamm • Haargummis • Haarklammern • Lockenstab (ø 25 mm Aufsatz für Korkenzieherlocken, ø 38 mm Aufsatz für große Locken)

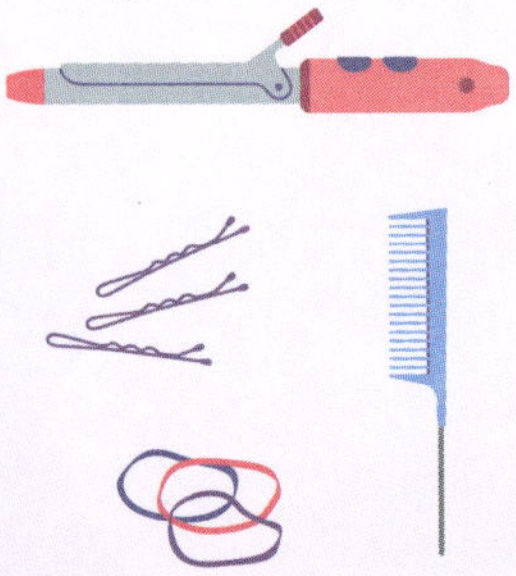

1 Beginne mit geglätteten Haaren.

2 Mit dem Stielkamm beidseitig 2,5 cm breite Haarsträhnen abteilen, die das Gesicht einrahmen.

5 Schritt 2 und 3 auf der anderen Seite wiederholen.

6 Da die Zöpfe nach oben geflochten wurden, sollten sie sich automatisch um den Oberkopf legen. Die beiden Zöpfe ordentlich nebeneinanderlegen und das Zopfende jeweils unter den anderen Zopf stecken.

3 Unter dem Ohr eine 7,5 cm breite Partie abteilen.

4 Diese Partie nach oben legen und zu einem Zopf aus drei Strängen flechten. Mit einem Haargummi fixieren.

7 Die Zöpfe mit Haarklammern hinter den Ohren und unauffällig am Oberkopf feststecken.

8 Die restlichen Haare in zwei Partien teilen und zu zwei hohen, offenen Zöpfen zusammenfassen.

9 Auf Wunsch die Zöpfe mit dem Lockenstab eindrehen.

Blue Rose

Tiger & Bunny

Wenn ich Make-up auftrage, ein tolles Outfit anziehe und meine Haare frisiere, ist es für mich fast so, als würde ich eine Rüstung anlegen, um mich der Welt zu stellen. Blue Rose aus *Tiger & Bunny* tut das Gleiche, wenn sie Verbrechen bekämpft. Dann wechselt sie von einfachen braunen Haaren zur umwerfenden, weißblauen Hochsteckfrisur. Diese sieht vielleicht kompliziert aus, ist aber ein perfektes Beispiel dafür, wie auch die komplizierteste Anime-Frisur als tolle Inspiration für einfache Alltagsfrisuren dienen kann. Wenn du diese französische Zwirbeltechnik einmal kannst, brauchst du keine fünf Minuten für diese Frisur.

Wie wäre es, wenn du anstatt der von einem Softdrink gesponserten Krone, die Blue Rose in ihrem Superheldenkostüm trägt, deine Frisur mit einer glitzernden Krone abrundest?

Zubehör

Stielkamm • Haargummis • Haarklammern • Haarspray

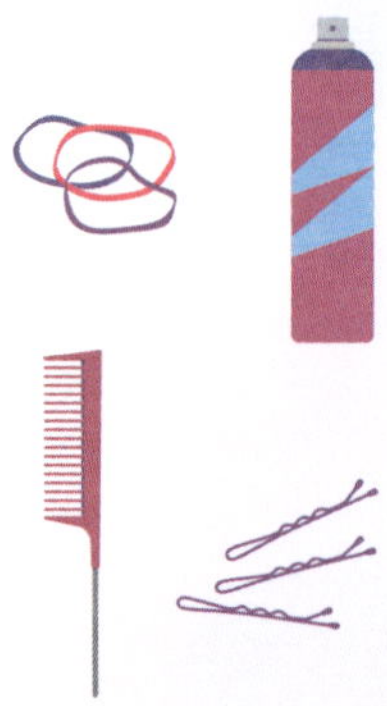

1 Beginne mit gelockten Haaren.

2 Mit dem Stielkamm beidseitig 2,5 cm breite Strähnen abteilen, die das Gesicht einrahmen.

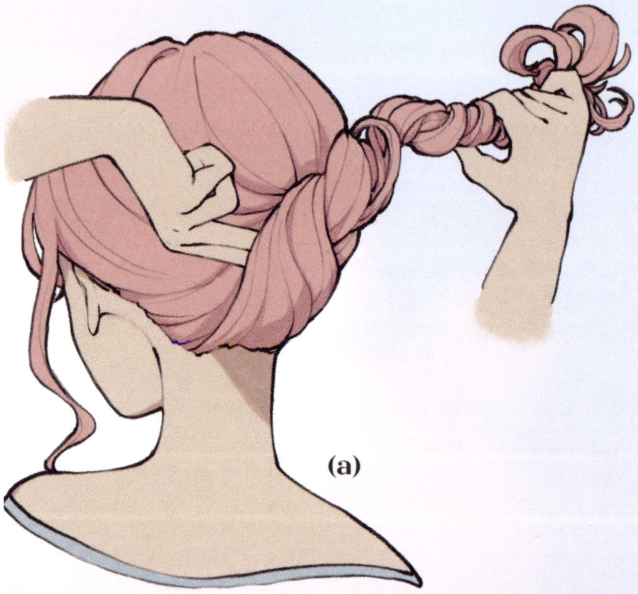

(a)

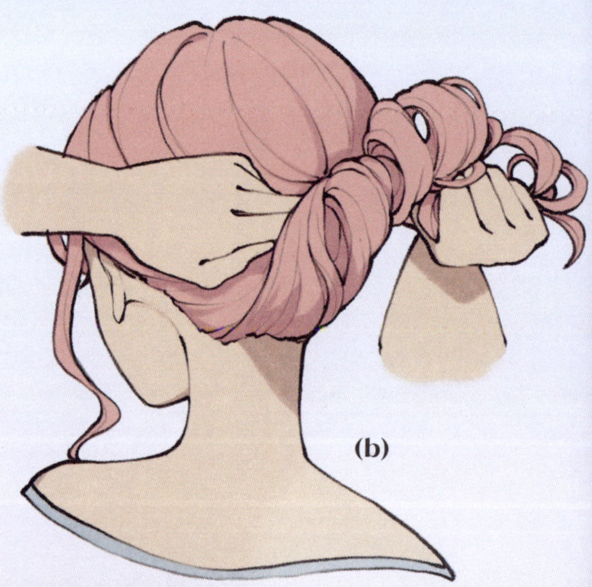

(b)

5 Den gedrehten Pferdeschwanz um zwei Finger wickeln (a) und weiter nach oben zwirbeln (b).

3 Die restlichen Haare zu einem locke-ren, tiefen Pferdeschwanz zusam-menfassen und mit einem Haargum-mi fixieren.

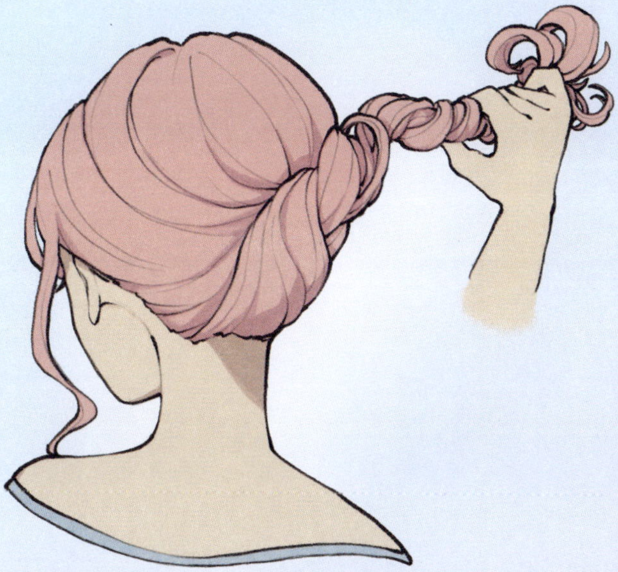

4 Den Pferdeschwanz nach rechts eindrehen.

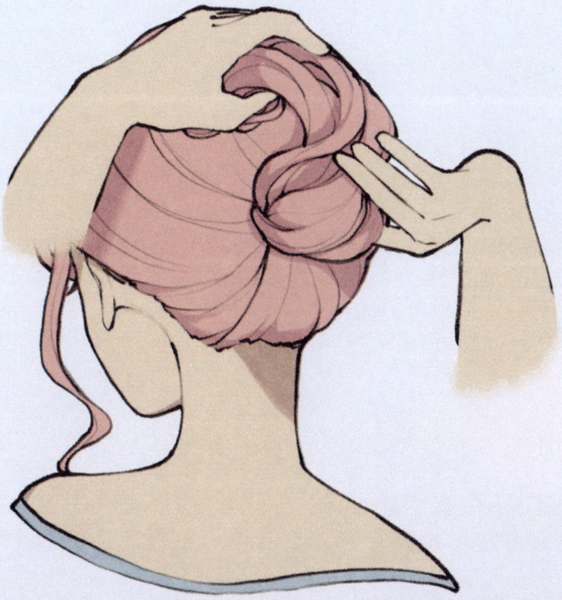

6 Die Haare mit den Fingern auflockern und so zurechtschieben, dass der auf-gerollte Pferdeschwanz verdeckt ist. Mit Haarklammern feststecken.

7 Mit Haarspray einsprühen, um die abstehenden Haarsträhnchen zu glätten.

Biscuit Krueger

Hunter x Hunter ✦ Hoher Pferdeschwanz

Anime inspiriert mich schon seit meiner Kindheit, und einer meiner frühesten Favoriten war *Hunter x Hunter*. Ich erinnere mich, dass ich in der zweiten Klasse ganz aufgeregt auf dem Stuhl herumrutschte und kaum den Unterrichtsschluss abwarten konnte, um endlich nach Hause laufen und meine Lieblingsserie schauen zu können. Ein erheblicher Teil meiner Kreativität stammt aus dieser Zeit, denn mein persönlicher Stil wurde von den kreativen Looks beeinflusst, die ich damals auf dem Bildschirm zu sehen bekam.

Biscuit Krueger, auch Bisky genannt, ist ein täuschend niedlicher, junger Charakter aus *Hunter x Hunter*, einem der berühmtesten Shounen-Animes (die sich vorwiegend an heranwachsende Jungen richten). Die Serie läuft seit über 25 Jahren und zählt bis heute zu den bekanntesten Animes. Biscuit trägt darin mehrere Frisuren, aber ihr hoher Pferdeschwanz ist unverkennbar.

Zubehör

Stielkamm • Haarklammern • Haargummis • Extensions • Haarbürste • Lockenstab • Schleife • Haarspray

1 Beginne mit geglätteten Haaren.

2 Mit dem Stielkamm beidseitig 2,5 cm breite Strähnen abteilen, die das Gesicht einrahmen.

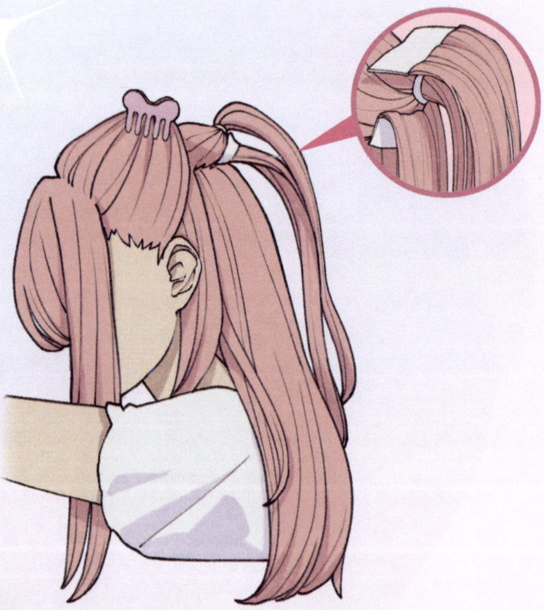

6 Eine weitere Extension (5 cm breit) oberhalb des kleinen Pferdeschwanzes feststecken, sodass er von oben und unten eingerahmt ist.

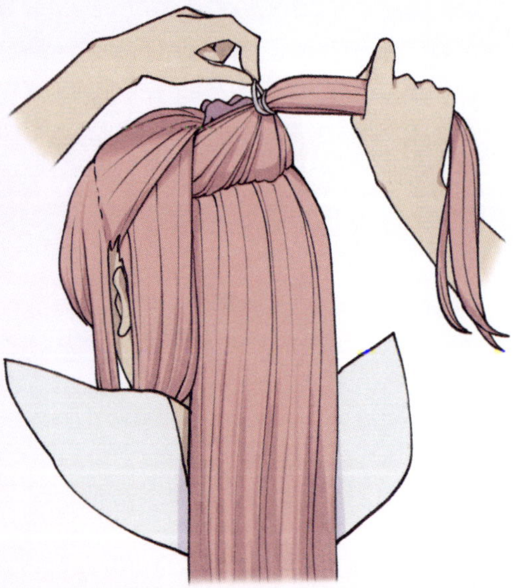

7 Die restlichen Haare um den Pferdeschwanz mit den Extensions zusammenfassen und feststecken, um die Extensions und das eigene Haar zu verblenden. Auf Wunsch diesen Prozess für noch mehr Volumen und Länge mit weiteren Extensions wiederholen.

3 Ein Fünftel der Deckhaare zusammenfassen und vorläufig mit einer Haarklammer hochstecken.

4 Unterhalb dieser Partie eine 2,5 cm breite Haarpartie zusammenfassen und mit einem Haargummi fixieren.

5 Den kleinen Pferdeschwanz nach oben legen und eine Extension (5 cm breit) darunter feststecken. Dann den Pferdeschwanz wieder darüberlegen.

8 Die restlichen Haare glatt bürsten und zu einem hohen Pferdeschwanz zusammenfassen. Mit mehreren Haargummis fixieren.

9 Die Haarspitzen mit dem Lockenstab eindrehen.

10 Mit einer Schleife die Haargummis am Ansatz des Pferdeschwanzes kaschieren und für besseren Halt mit Haarspray einsprühen.

Biscuit Krueger

Hunter x Hunter ✦ Pferdeschwanz mit Flechtkranz

Biscuit Krueger erscheint in *Hunter x Hunter* später noch einmal mit einer weiteren wunderschönen Frisur. Sie trägt die Haare kürzer und den Pferdeschwanz mit einem dicken geflochtenen Zopf umwickelt, wodurch die Frisur für wärmeres Wetter besser geeignet ist. Wenn ich bei Anime-Charakteren nach Inspiration für Frisuren suche, schaue ich mir gern die verschiedenen Looks eines Charakters an. Je mehr verschiedene Frisuren sie tragen, desto mehr Inspiration bekomme ich!

Ich finde es schwer zu erkennen, ob sie einen Pferdeschwanz oder einen Dutt trägt, aber es sieht beides toll aus. Hier habe ich mich für einen einfachen hohen Pferdeschwanz entschieden, der an ihren Alltags-Look angelehnt ist.

Zubehör

Haarbürste • Haargummis • Haarklammern • Haarspray

1 Mit locker gelockten Haaren beginnen.

2 Zuerst alle Haare zu einem festen, hohen Pferdeschwanz zusammenfassen. Sanft alle losen Haarsträhnchen glätten. Mit einem Haargummi fixieren.

4 Zu einem Zopf aus drei Strähnen flechten und mit einem Haargummi fixieren.

5 Den Zopf sanft um den Ansatz des Pferdeschwanzes schlingen, um das Haargummi zu verdecken.

3 Eine 7,5 cm breite Partie vom Pferdeschwanz abteilen.

6 Den Zopf mit Haarklammern feststecken und für einen besseren Halt mit Haarspray einsprühen.

FÜR PROFIS

Mitsuri Kanroji

Demon Slayer

Ich bin kein Neuling, was Haarfarben angeht, aber das Nachmachen von Anime-Frisuren hat mich erst richtig dazu ermutigt, mit Farbe zu arbeiten. Extensions in verschiedenen Farben ermöglichen es, die Frisur je nach Laune zu verändern ohne den Druck, die eigenen Haare färben zu müssen. Durch Mitsuri Kanroji aus *Demon Slayer* kam ich auf die Idee, farbige Extensions zu benutzen, die länger waren als meine eigenen Haare, um Farbtupfer zu setzen. Du könntest die Farbe der Extensions sogar deinem Look anpassen, was dir reichlich Gelegenheit gibt, mit dieser Frisur zu spielen!

Mitsuri trägt drei voluminöse Flechtzöpfe, einen auf jeder Seite und einen auf dem Rücken. Ich habe mich entschieden, den Look mit nur zwei Zöpfen nachzustellen, damit er einfacher zu tragen ist.

Zubehör

Extensions • Stielkamm • Haargummis

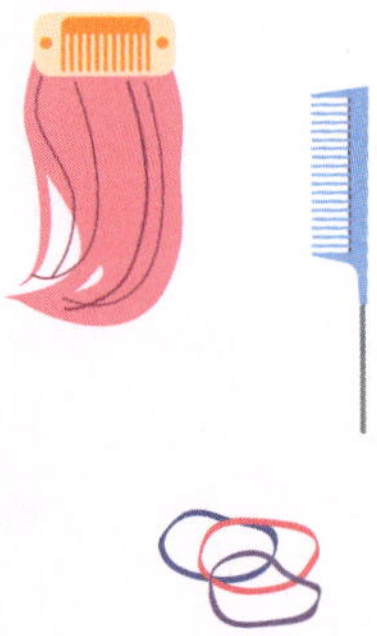

1 Beginne mit gelockten Haaren, um für Volumen zu sorgen.

2 Arbeite ein komplettes Set Extensions (etwas länger als die eigenen Haare, in verschiedenen Farben) ein, um Farbe in den Look zu bringen.

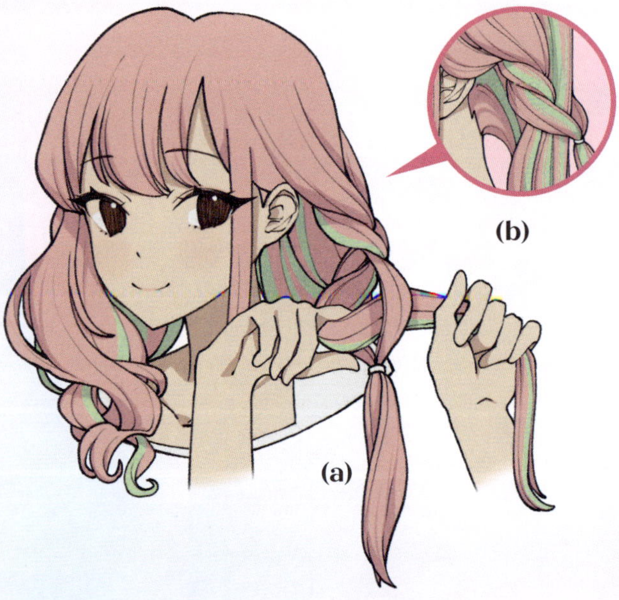

6 Die Hälfte der Haare zu einem tiefen Pferdeschwanz durch die eingedrehte Partie ziehen (a). Am Haargummi festziehen (b). Für mehr Volumen die Haare um das Gesicht etwas auflockern.

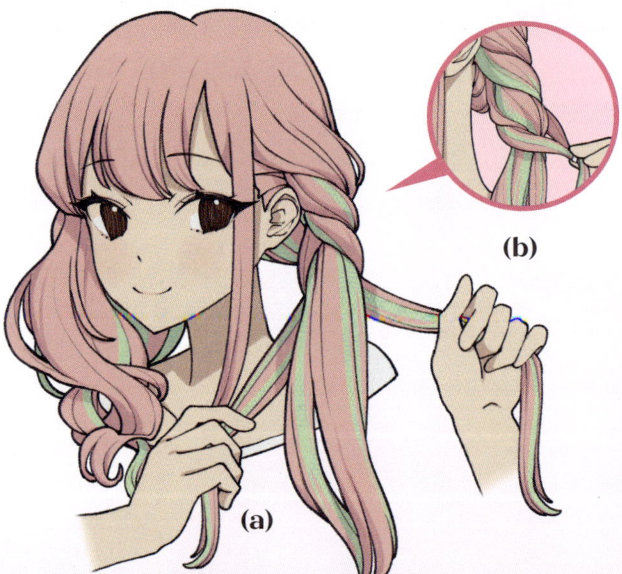

7 Einen fluffigen falschen Zopf formen, indem beidseitig je 2,5 cm breite Strähnen genommen (a) und in der Mitte ein Stück darunter zusammengefasst werden (b).

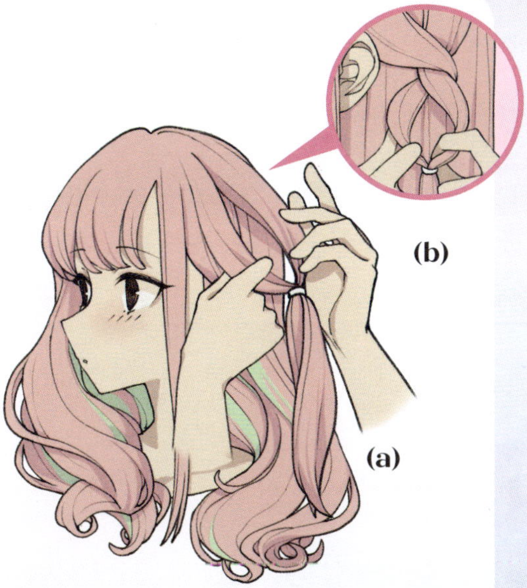

3 Mit dem Stielkamm beidseitig je 2,5 cm breite Haarsträhnen abteilen, die das Gesicht einrahmen.

4 Beidseitig je eine 7,5 cm breite Partie über den Ohren zusammenfassen und mit einem Haargummi fixieren.

5 Die 7,5 cm breite Partie in der Mitte teilen (a). Diese Partie zweimal nach hinten verdrehen (b).

8 Mit einem Haargummi fixieren. Die Haare für mehr Volumen leicht mit den Fingern auflockern.

9 Schritt 6 bis zum Ende des Zopfes einige Zentimeter vor den Haarspitzen wiederholen.

Miwako Sakurada

Paradise Kiss ✦ Doppel-Flechtzöpfe

Die vierte und letzte von Miwako inspirierte Frisur in diesem Buch sind die beiden voluminösen Flechtzöpfe. Es ist eine meiner Lieblingsfrisuren in diesem Buch. Wenn ich meine Haare jeden Tag so tragen könnte, würde ich es tun!

Zubehör

Extensions • Stielkamm • Haarklammern • Haargummis • Haarspray

1 Beginne mit zwei mit Extensions verlängerten offenen Zöpfen wie in dem ersten Tutorial zu Miwako (siehe Seite 79).

2 Mit dem Stielkamm beidseitig 5 cm breite Partien an der Oberseite der offenen Zöpfe abteilen und vorläufig wegstecken.

(a)

(b)

4 Schritt 3 bis kurz vor den Haarspitzen wiederholen.

5 Wenn die Haarspitzen gegen Ende des Zopfes dünner werden, ist es leichter, ihn mit einem normalen Zopf aus drei Strängen zu beenden (a).

6 Mit einem Haargummi fixieren. Den Zopf leicht auflockern, um mehr Volumen zu kreieren (b).

3 Beidseitig einen sehr lockeren falschen Zopf formen (a) und 2,5 cm unterhalb des Anfangs zusammenführen (b). Mit einem Haargummi fixieren (c).

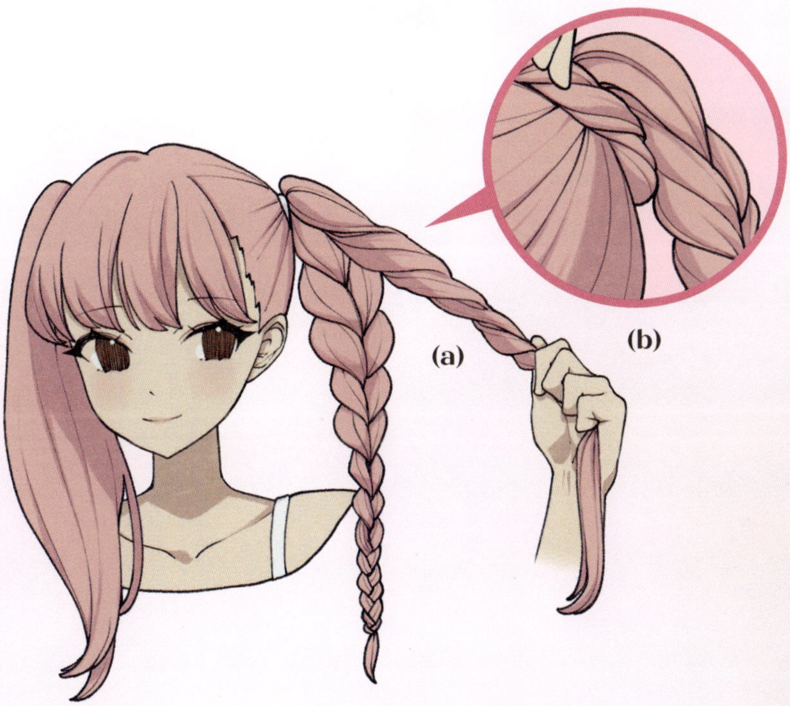

7 Die vorhin abgeteilte 5 cm breite Partie fest zwirbeln (a) – Drehrichtung vom Gesicht weg. Die verzwirbelte Partie um den Ansatz des falschen Zopfes schlingen (b). Mit Haarklammern feststecken, dann sanft auflockern, um mehr Volumen zu erzielen.

8 Mit etwas Haarspray fixieren.

Konan

Naruto

Konan aus *Naruto* ist eine Kämpferin, die Origami als Waffe einsetzt. Die zart gefaltete Papierrose in ihrem Haar dient als Symbol für ihre ungewöhnliche Fähigkeit. Um dieses Konzept gestalterisch umzusetzen, verwende ich meine eigenen Haare für die Rose. Wie ich in diesem Buch schon einmal erwähnt habe, ist mein liebster Weg, ein fehlendes Accessoire zu ersetzen, es einfach selbst herzustellen!

Zubehör

Haargummis • kleines Duttkissen • Haarklammern • Haarspray • Borsten-Haarbürste

1 Beginne mit geglätteten Haaren, die an den Haarspitzen eingedreht sind.

2 Die rechte obere Hälfte der Haare zu einem hohen, offenen Zopf zusammenfassen und mit einem Haargummi fixieren. Dabei beidseitig je eine 5 cm breite Strähne auslassen, um das Gesicht einzurahmen.

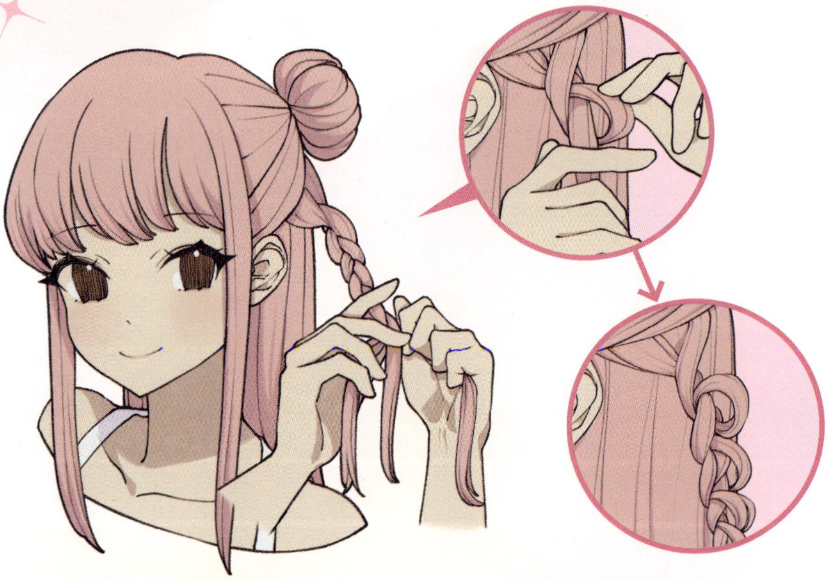

5 Einen Zopf aus den drei Strängen flechten. Nach je zwei Zopfgliedern unterbrechen, um eine Seite des Zopfes sanft aufzulockern. Daraus entstehen später die Blütenblätter der aus Haaren geformten Rose.

6 So bis zu den Haarspitzen fortfahren. Mit einem Haargummi fixieren.

3 Mit einem kleinen Duttkissen den offenen Zopf aufrollen und mit Haarklammern feststecken.

4 Eine 7,5 cm breite Partie über dem Ohr abteilen und in drei Stränge teilen.

7 Den Blütenblätter-Zopf spiralförmig nach oben aufrollen, um die Rose zu formen.

8 Die Rose vorsichtig mit Haarklammern über dem Ohr feststecken.

9 Zum Fixieren mit Haarspray einsprühen.

Emilia

Re:Zero

Da du nun weißt, wie man eine perfekte, zarte Rose formt (siehe Tutorial für Konan auf Seite 141), lass uns das mit einer zweiten Technik kombinieren: einer zierlichen, geflochtenen Haarkrone. Dank der Liebe, Zeit und Mühe, die in die feinen Details dieser Frisur fließen, eignet sie sich perfekt für besondere Anlässe – zu einem romantischen Picknick, als Gast bei einer Hochzeit, zum Fotoshooting zwischen blühenden Blumen.

Zubehör

Stielkamm • Haargummis • Haarklammern • Haarspange mit Schleife • Haarspray

1 Beginne mit geglätteten Haaren, die Haarspitzen eingedreht.

2 Mit dem Stielkamm beidseitig Haarsträhnen abteilen, die das Gesicht einrahmen. 7,5 cm von der Kopfmitte einen Seitenscheitel ziehen.

5 Über dem Ohr eine weitere 7,5 cm breite Haarpartie abteilen.

6 Einen Blütenblätter-Zopf flechten wie in dem Tutorial zu Konan (siehe Seite 142).

3 Für die Flechtkrone am Oberkopf entlang eine 7,5 cm breite Haarpartie zu einem französischen Zopf flechten.

4 Mit drei Strähnen weiterflechten bis zum oberen Rand des Ohres an der gegenüberliegenden Seite. Mit einem Haargummi fixieren.

7 Den Blütenblätter-Zopf nach oben aufrollen, um die Rosenform zu gestalten, und feststecken.

8 Unterhalb der Rose eine Schleife anbringen, um das Haargummi der Flechtkrone zu verdecken. Für einen besseren Halt mit Haarspray einsprühen.

Yor Forger

Spy x Family ✦ Dunkle Version

Yor Forgers hochgesteckte Alltagsfrisur haben wir in diesem Buch bereits angeschaut – jetzt lernen wir, wie man die Frisur nachgestalten kann, die sie in ihrer dunklen Version trägt. Mit der Technik für die Haar-Rose aus dem Tutorial zu Konan aus *Naruto* (siehe Seite 141) werden wir jetzt die umwerfende Frisur kreieren, die sie bei ihren geheimen Missionen trägt. Dieser Look zeigt: Wenn man eine Technik einmal beherrscht, kann man sie auf unzählige Weise und für jede Frisur anwenden, die das Herz begehrt!

Zubehör

Stielkamm • Haargummis • Haarklammern • Haarspray • Haarband (optional)

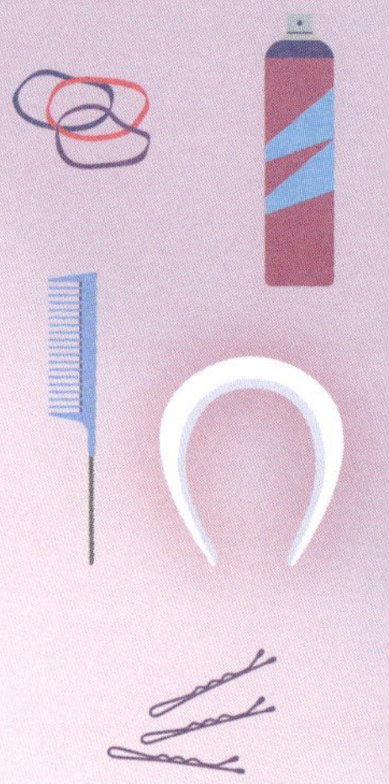

1 Beginne mit geglätteten Haaren, die Haarspitzen eingedreht.

2 Mit dem Stielkamm beidseitig vor den Ohren 7,5 cm breite Strähnen abteilen und vorübergehend mit Haargummis fixieren

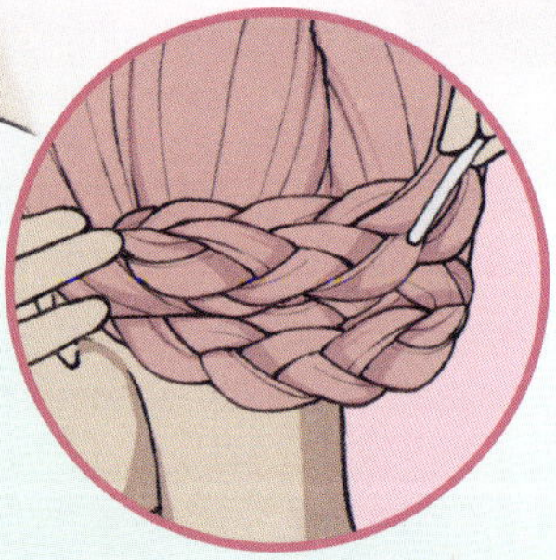

5 Wie in dem ersten Tutorial für Yor Forger (siehe Seite 91) den linken Zopf einschlagen und quer über den Hinterkopf führen. Mit Haarklammern feststecken.

6 Mit dem rechten Zopf wiederholen, um eine tief sitzende Flechtfrisur zu kreieren.

7 Die Haargummis aus den vorderen Haarsträhnen lösen und beidseitig 2,5 cm breite Strähnen abteilen, die das Gesicht einrahmen.

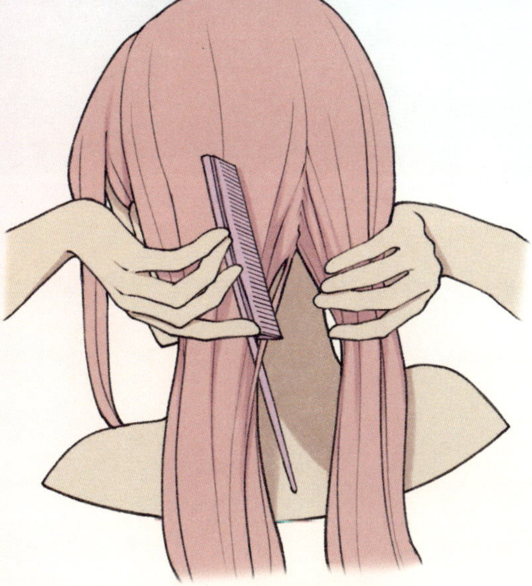

3 Mit dem Stielkamm die restlichen Haare in der Mitte am Hinterkopf scheiteln.

4 Beidseitig je einen Zopf aus drei Strängen flechten und mit Haargummis fixieren.

8 Mit der restlichen Haarpartie dem Tutorial zu Konan (siehe Seite 141) folgen und einen Zopf aus drei Strängen flechten, der auf einer Seite Schlingen hat.

9 Vom Zopfende aus zu einer Rose aufrollen. Mit Haarklammern feststecken und mit Haarspray fixieren.

10 Auf der anderen Seite wiederholen.

CereCere

Sailor Moon

Mit den bisher erlernten Techniken solltest du nun in der Lage sein, die meisten Anime-Frisuren auf einen Blick in einzelne Grundtechniken zu zerlegen. Danach musst du nur noch herausfinden, in welcher Reihenfolge du die Schritte anwenden musst, um den fertigen Look zu kreieren.

Sailor CereCere ist zwar ein weniger bekannter Charakter aus *Sailor Moon*, doch ihre Haare sind eine interessante und lustige Herausforderung für alle, die sich einen einzigartigen Look wünschen. Ihre Frisur sieht kompliziert aus, aber wenn du dir einmal die Zeit genommen hast, sie in ihre einzelnen Elemente aufzuteilen, wirst du sehen, dass der Look eigentlich aus einem Dutt und vier einfachen Flechtzöpfen besteht.

Zubehör

Duttkissen • Haarklammern • Haargummis • Lockenstab • große Schleife

1 Beginne mit geglätteten Haaren.

2 Das obere Drittel der Haare zu einem hohen Pferdeschwanz zusammenfassen. Mit einem Haargummi fixieren.

5 Diese beiden offenen Zöpfe zu je zwei Zöpfen aus drei Strängen flechten – es sollen insgesamt vier Zöpfe werden.

6 Die beiden oberen Zöpfe nach oben legen und mit Haarklammern unter dem Dutt feststecken.

3 Mit einem kleinen Duttkissen einen lockeren Dutt eindrehen und mit Haarklammern feststecken.

4 Die restlichen Haare in der Mitte aufteilen und zu zwei hohen, offenen Zöpfen zusammenfassen.

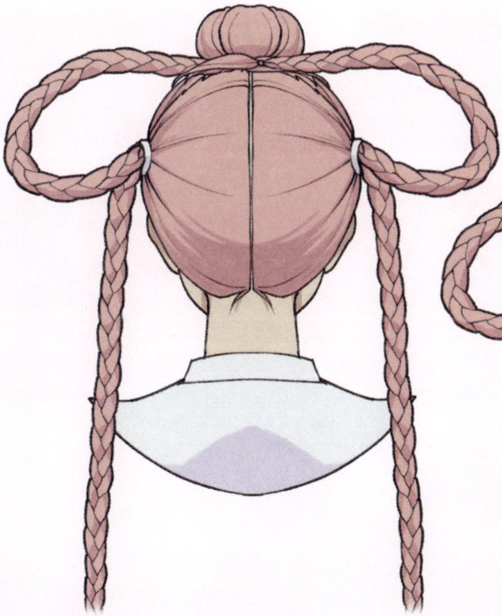

7 Auf der anderen Seite ebenso verfahren.

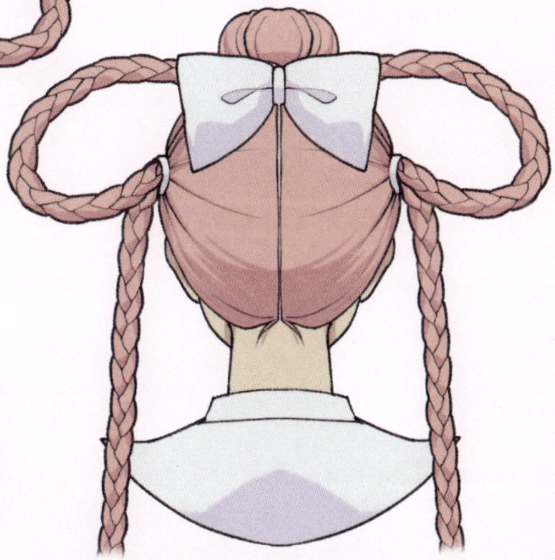

8 Mit einer großen Schleife unter dem Dutt die Haarklammern verdecken.

9 Zuletzt die Enden der beiden Zöpfe mit dem Lockenstab eindrehen.

GLOSSAR

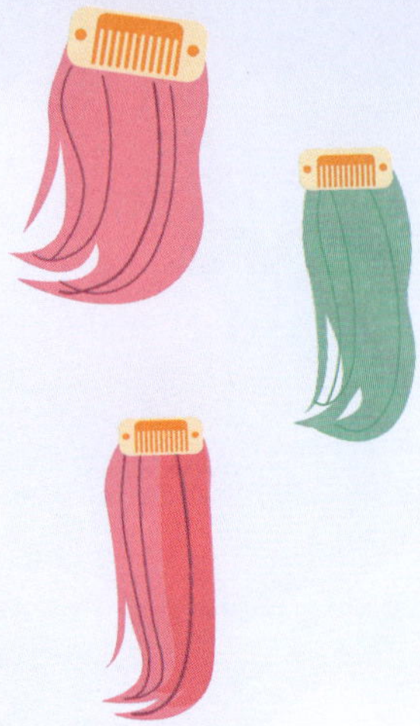

Extensions: Aus Echthaar oder synthetischem Haar bestehende Partien, die man beim Frisieren verwenden kann, um Länge, Volumen oder einen Farbakzent hinzuzufügen. Sie sind in verschiedenen Looks und mit diversen Befestigungsmethoden erhältlich. Es gibt Extensions zum Anstecken, zum Einnähen und zum Einkleben. Um sie einfach einzusetzen und zu entfernen, verwenden wir in diesem Buch ausschließlich Extensions zum Anstecken. Extensions bestehen aus unterschiedlichen Materialien: aus echten Haaren, synthetischen Fasern oder einer Mischung aus beidem. Da es viele verschiedene Möglichkeiten gibt, empfehle ich dir, vorab zu recherchieren, welche für dich passend ist, bevor du dir ein Set zulegst.
Ein komplettes Set besteht meist aus fünf bis neun Haarsträhnen in unterschiedlicher Breite, Länge und Dichte. Wähle das für dich beste Set anhand der Dichte und Textur deiner eigenen Haare, damit sich die Extensions harmonisch einfügen.

Hitzeschutz: Haarpflegeprodukte (Cremes oder Sprays), deren Formel die Haare vor der Hitzeschädigung durch heiße Styling-Geräte schützt.

Pferdeschwanz: Zu einem offenen Zopf zusammengefasste Haare, mit einem Haargummi fixiert.

Halboffene Frisur: Die Hälfte der Haare wird oben zu einem oder mehreren Teilen zusammengefasst.

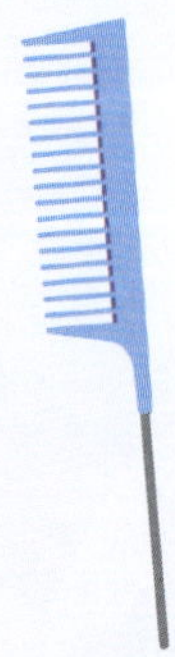

Pigtails: Zu zwei offenen Zöpfen zusammengefasste Haare, die mit Haargummis fixiert werden.

Stielkamm: Typischerweise ein Kunststoffkamm mit einer Metallspitze an einer Seite. Die lange Spitze ist praktisch, um kleinere Haarpartien abzuteilen, damit die Frisur symmetrisch und ordentlich aussieht.

Haarbürsten-Modelle:

Eine Haarbürste mit Wildschweinborsten kann aus Naturborsten oder synthetisch hergestellten Borsten bestehen. Die dicken, steifen Borsten helfen beim Verteilen von Haarspray, Haargel und anderen Pflegeprodukten direkt an den Haarwurzeln, wodurch abstehende, lose Strähnchen besser gebändigt werden. Das ist besonders hilfreich, wenn man glatte, ordentliche Pferdeschwänze, Zöpfe und Hochsteckfrisuren im Sleek-Look kreieren möchte.

Eine entwirrende Haarbürste eignet sich perfekt für den Alltag. Die weichen, biegsamen Borsten helfen dabei, zerzauste Haare zu entwirren, reduzieren Haarbruch und Schädigung der Haare. Sie ist besonders für die Pflege aufgehellter oder mit Farbe behandelter Haare zu empfehlen.

Locken-Arten:

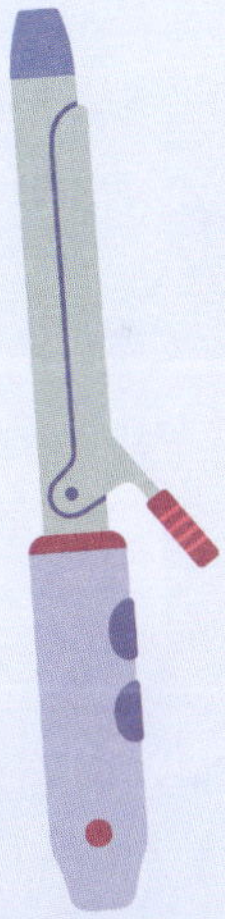

Große Locken sind in diesem Buch Locken, die mit Lockenstab-Aufsätzen von ⌀ 38 mm bis ⌀ 50 mm frisiert werden.

Papilloten-Locken werden kreiert, indem man dünne, leicht feuchte Haarsträhnen um Stoffstreifen wickelt, die man zu Knötchen zusammenbindet und über Nacht trocknen lässt. Bei der in diesem Buch beschriebenen Methode arbeiten wir ohne Hitze.

Krause Locken sind in diesem Buch als Locken definiert, die mit einem Lockenstab-Aufsatz von ⌀ 25 mm frisiert werden. Sie werden auch Ringellocken genannt.

Für meine Mom, die schon immer mein größter Fan war.

ÜBER DIE AUTORIN

Mei Yan ist eine chinesisch-amerikanische Contentcreatorin, die in Los Angeles geboren und aufgewachsen ist. Seit dem Beginn ihrer Karriere auf YouTube folgen ihr inzwischen fast eine Million Fans auf diversen Plattformen. Ihre bekannteste YouTube-Videoreihe dreht sich rund um das Styling von Anime-Frisuren. Inzwischen reicht ihre Tätigkeit über die digitale Welt hinaus – als Inhaberin des Schmucklabels Meide vertreibt Mei fantasievollen, handgefertigten Schmuck.

Titel der Originalausgabe:
Dreamy Anime Hair: 30+ cute & easy styles from the world's most beloved anime characters

www.Quarto.com

First published in 2024 by Epic Ink, an imprint of The Quarto Group,
142 West 36th Street, 4th Floor, New York, NY 10018, USA
(212) 779-4972 www.Quarto.com

Für die deutsche Ausgabe:
ÜBERSETZUNG: Johanna von Lobenstein
LEKTORAT: Melissa Behnke
PRODUKTMANAGEMENT: Eva Schrecklinger, Melissa Behnke
COVERGESTALTUNG: Eva Hook
HERSTELLUNG: Petra Theilfarth

1. Auflage 2024
Printed in China

ISBN 978-3-7358-5290-8 • Best.-Nr. 25290

FSC www.fsc.org MIX Papier | Fördert gute Waldnutzung FSC® C016973